BRIAN GAGG

WORTSUCHRÄTSEL
3 in 1 SAMMELBAND

SOMMER, HERBST und HALLOWEEN

Bibliografische Information der Deutschen Nationalbibliothek:
Die Deutsche Nationalbibliothek verzeichnet diese Publikation in der Deutschen
Nationalbibliografie; detaillierte bibliografische
Daten sind im Internet über http://dnb.dnb.de abrufbar.

Herstellung und Verlag: BoD – Books on Demand, Norderstedt
ISBN: 9783754329276

Inhaltsangabe   Seite

Einleitung

Auf den folgenden Seiten finden sich thematisch sortierte Wortsuchrätsel.

Um ein Wortsuchrätsel zu lösen, müssen alle jeweils aufgelisteten Worte in der darüber befindlichen Buchstabenmatrix gefunden werden. Ist ein Wort gefunden, sollte es mit einem Stift umkreist und das gefundene Wort aus der Liste gestrichen werden. Sind alle Worte aus der Liste gefunden, ist das Rätsel gelöst. Bei Schwierigkeiten ein Rätsel zu lösen, kann die Lösung jeweils auf der Rückseite nachgeschaut werden. Die zu findenden Worte sind jeweils als ganzes (d.h. immer nur in einer Richtung und ungebrochen) in der Matrix nach folgenden Regeln versteckt:

- Suchworte können sich überlagern, d.h. ein Buchstabenkästchen kann von mehreren Suchworten genutzt sein.

- Worte können vorwärts, rückwärts, horizontal, vertikal oder diagonal in der Matrix versteckt sein.

- Suchworte stehen für sich alleine und sind unter- oder nebeneinander aufgelistet.

```
X R L C U K X O Q L I F L B T M H W F
S B I S F J C H J X H Y H D R O X V N
O W O D T B W I N J T I L A O U X L D
A J N O A V H E V Z M M S P Q P E B H
I O S E T U V R W M M E F O L Y A L Z
N K S Z G S V Z E U N X Q C B W O U F
A U F B L E A L R B B M J M H Z Z E R
T H V E R N I U C M F D K N N Z O H B
A D V H D E N L S F P X G S A L W E F
A S R J N M D K N F O Q V O O P R N N
T O S L E U S W M A L S P N Z S E D H
S N C X L L D Z J G O U V N F H U E Y
O N C G H B K Z K M J C G E N V A E P
L E G G A Q E B M P V S K N E K L W W
C N C Z R T I E H J K R I S U J B A U
H H Q Y T E R Q O W Y M I C N U S A U
J U R Z S A K E J Q J E R H E C B Y S
Y T N V N N Q M M X O S P E I O S R M
Q R M F I L C W W M A W I I N G S W T
N F A C Z Z H T Z K O C L N U M E D R
O N R B K A W X V S Q S E K T D W U B
G H U F S T B L U P W V P A E U P D F
W A E U I E R F E Z T I H T P K J F J
B R R J T A P Y S N G Q K L O D C S G
```

1

STRAHLEND BLAUER HIMMEL
BLUEHENDE BLUMEN
SOMMERANFANG
SONNENSCHEIN
HITZEFREI

PETUNIEN
SONNENHUT
SOMMERTAG
BOOTSAUSFLUG
AUF DEM RASEN LIEGEN

Lösung

```
X R L C U K X O Q L I F L B T M H W F
S B I S F J C H J X H Y H D R O X V N
O W O D T B W I N J T I L A O U X L D
A J N O A V H E V Z M M S P Q P E B H
I O S E T U V R W M M E F O L Y A L Z
N K S Z G S V Z E U N X Q C B W O U F
A U F B L E A L R B B M J M H Z Z E R
T H V E R N I U C M F D K N N Z O H B
A D V H D E N L S F P X G S A L W E F
A S R J N M D K N F O Q V O O P R N N
T O S L E U S W M A L S P N Z S E D H
S N C X L L D Z J G O U V N F H U E Y
O N C G H B K Z K M J C G E N V A E P
L E G G A Q E B M P W S K N E K L W W
C N C Z R T I E H J K R I S U J B A U
H H Q Y T E R Q O W Y M I C N U S A U
J U R Z S A K E J Q J E R H E C B Y S
Y T N V N N Q M M X O S P E I O S R M
Q R M F I L C W W M A W I I N G S W T
N F A C Z Z H T Z K O C L N U M E D R
O N R B K A W X V S Q S E K T D W U B
G H U F S T B L U P W V P A E U P D F
W A E U I E R F E Z T I H T P K J F J
B R R J T A P Y S N G Q K L O D C S G
```

```
Y U V K T O J M G N I P M A C S A L E
L S F N S O F T E I S U J U L M X R G
Y H B D P C G P O H J N K S K A S R N
W W O V M M G D V X Q J Z L U V M D A
S R A R X H S O M M E R W O N N E T L
E Q N T O O B L E D D A P K H K P P I
C J G V B W U Z P E Y Z E E M H J Q F
P D X R M V L K Z W N Z T C G A D V N
E S X J U B I Q K M Y G K G R D H K U
N E H C M R E U W H E U L G P Q H Z I
H L K U P J H C F S D Z I S P L C L D
Y Q K A E Q Q B R X Y S O E A E B S A
K M I O N U X U W V X M T W Z I S A Y
N U R O P F S I M F M U G B A K V N B
W H S T T G N F S E Q Z R G Z V O D Q
C R C L P D O E R E R G A O O C Y S U
I O H X G X L G G C G D E D K I O I F
E D N G E Y L V Y O G N S N V N F E L
D C E W B U O H R O B M E X P T F B U
K R C O T V G H R N D N R Z E D K N L
Z R K D E O U P S B N V E Y V T A S P
J U E T Y H K Y O W B A P G J L H L H
C C N S D H M T Q I U O R C E M H N R
H X S A J F M X W R K A U W P R V U B
```

 **2**

GLUEHWUERMCHEN   PADDELBOOT

LANGE GRAESER   SCHNECKEN

SOMMERWONNE   SANDSIEB

SOMMERGLUT   CAMPING

REGENBOGEN   SOFTEIS

Lösung

```
Y U V K T O J M G N I P M A C S A L E
L S F N S O F T E I S U J U L M X R G
Y H B D P C G P O H J N K S K A S R N
W W O V M M G D V X Q J Z L U V M D A
S R A R X H S O M M E R W O N N E T L
E Q N T O O B L E D D A P K H K P P I
C J G V B W U Z P E Y Z E E M H J Q F
P D X R M V L K Z W N Z T C G A D V N
E S X J U B I Q K M Y G K G R D H K U
N E H C M R E U W H E U L G P Q H Z I
H L K U P J H C F S D Z I S P L C L D
Y Q K A E Q Q B R X Y S O E A E B S A
K M I O N U X U W V X M T W Z I S A Y
N U R O P F S I M F M U G B A K V N B
W H S T T G N F S E Q Z R G Z V O D Q
C R C L P D O E R E R G A O O C Y S U
I O H X G X L G G C G D E D K I O I F
E D N G E Y L V Y O G N S N V N F E L
D C E W B U O H R O B M E X P T F B U
K R C O T V G H R N D N R Z E D K N L
Z R K D E O U P S B N V E Y V T A S P
J U E T Y H K Y O W B A P G J L H L H
C C N S D H M T Q I U O R C E M H N R
H X S A J F M X W R K A U W P R V U B
```

```
L C P W K A V F R E I B A D W J L Z V
M H E W E D D R B U W E C N A Q O E R
M L N H T A I B H N U C X H X R A Y H
U F R E S V X P L W K J R H F Q W C A
O E R A U W P D Y F E E D V V H O L O
N Y E G G A O I W J S M M I F G H N A
E C R Z U O T D J Z O A X I X U K E Y
S K E Z A H K Q E Y N T J B W M I M T
T V E L I V R U B M N D H O R U N U A
G S B D G B G Y P R E O A T R Q D L H
I Q D S J N O V Q L N Z E I S Q E B C
V N R L I Y I Z D X S O P O C M R N G
H E E S Y G J U W N C J J B W F F E D
O H D S N G L D W I H U W G H L R N I
H C L X P H C N O S E C R Y V C E N N
P S A H T D P Y M N I Z B X X D I O S
S T W P O Y O H Q U N I V T K A Z S M
V A J O Y P V O D F F T N N G W E F F
E L B W U E X T S P N D Q C W E I I R
V E P K H A N S G N H E I H T S T W V
I D U L Y J K W E R U S R O U P B O X
C A T N K K Y Z R D C S Y C P E R N L
O B G O E D L C L Y F Y J F A N S Q Q
Z I I B Q B O N S H X P G H P T N D C
```

 **3**

KINDERFREIZEIT   SONNENBLUMEN
JAHRESZEUGNIS   FREIBAD
BADELATSCHEN   WESPEN
SONNENSCHEIN   AUGUST
WALDERDBEERE   AEHREN

7

Lösung

```
L C P W K A V F R E I B A D W J L Z V
M H E W E D D R B U W E C N A Q O E R
M L N H T A I B H N U C X H X R A Y H
U F R E S V X P L W K J R H F Q W C A
O E R A U W P D Y F E E D V V H O L O
N Y E G G A O I W J S M M I F G H N A
E C R Z U O T D J Z O A X I X U K E Y
S K E Z A H K Q E Y N T J B W M I M T
T V E L I V R U B M N D H O R U N U A
G S B D G B G Y P R E O A T R Q D L H
I Q D S J N O V Q L N Z E I S Q E B C
V N R L I Y I Z D X S O P O C M R N G
H E E S Y G J U W N C J J B W F F E D
O H D S N G L D W I H U W G H L R N I
H C L X P H C N O S E C R Y V C E N N
P S A H T D P Y M N I Z B X X D I O S
S T W P O Y O H Q U N I V T K A Z S M
V A J O Y P V O D F F T N N G W E F F
E L B W U E X T S P N D Q C W E I I R
V E P K H A N S G N H E I H T S T W V
I D U L Y J K W E R U S R O U P B O X
C A T N K K Y Z R D C S Y C P E R N L
O B G O E D L C L Y F Y J F A N S Q Q
Z I I B Q B O N S H X P G H P T N D C
```

```
X  R  B  R  U  N  V  C  I  U  F  M  U  T  S  N  E  J  S
O  B  A  S  L  P  A  V  L  T  I  C  A  J  E  B  O  U  P
B  E  M  U  Q  Z  S  S  J  S  C  U  A  Z  W  L  K  G  I
B  L  N  W  P  X  J  A  N  U  C  I  N  J  L  I  O  O  L
E  Z  O  G  G  E  B  C  S  H  N  Y  N  N  E  Y  K  S  V
P  R  Z  M  G  Z  N  H  E  H  D  E  I  P  Z  K  S  F  W
X  P  O  L  Y  Z  Y  R  L  F  M  E  H  R  M  U  G  L  R
T  S  W  D  Q  K  B  Q  L  K  Y  A  X  K  L  C  O  E  P
G  X  U  I  B  R  E  A  M  W  P  J  L  H  L  R  T  V  Z
Q  C  P  E  I  N  K  K  D  L  E  V  C  L  W  J  E  A  M
L  C  H  L  R  E  O  E  X  W  T  S  Z  O  O  Z  M  P  U
U  T  L  K  O  Z  Z  X  Y  W  N  M  Y  A  K  R  T  W  Q
N  E  W  R  S  T  R  L  Z  E  Z  G  C  B  N  Q  C  T  C
E  Y  S  E  X  I  S  R  T  Z  O  F  L  R  I  S  N  A  W
D  M  E  M  I  W  D  O  M  C  W  E  Z  E  L  T  E  N  O
X  S  N  M  J  H  N  N  X  E  G  W  M  M  S  K  N  V  Z
R  E  L  O  B  C  P  M  A  L  H  B  L  S  H  V  A  Z  U
X  O  G  S  L  S  P  S  J  R  L  F  I  T  R  E  B  O  S
A  Q  B  J  S  P  V  K  L  S  B  T  U  X  I  Z  E  B  V
W  D  U  I  Y  K  T  H  K  U  L  N  U  J  R  P  L  M  Q
Z  K  V  D  U  C  X  G  Y  Z  F  F  E  P  Y  W  F  U  I
Z  G  V  G  A  E  O  J  S  H  L  Y  L  N  A  H  R  P  G
O  W  D  W  L  E  Z  F  C  W  Y  B  M  O  O  Z  E  B  U
N  T  A  D  X  X  U  N  Y  F  M  P  L  Z  Q  S  I  Y  I
```

TAUCHERBRILLE

NOTENSCHLUSS

SOMMERKLEID

SONENBRAND

NABELFREI

SCHWITZEN

MALLORCA

ZELTEN

RAUPEN

OZON

Lösung

```
X  R  B  R  U  N  V  C  I  U  F  M  U  T  S  N  E  J  S
O  B  A  S  L  P  A  V  L  T  I  C  A  J  E  B  O  U  P
B  E  M  U  Q  Z  S  S  J  S  C  U  A  Z  W  L  K  G  I
B  L  N  W  P  X  J  A  N  U  C  I  N  J  L  I  O  O  L
E  Z  O  G  G  E  B  C  S  H  N  Y  N  N  E  Y  K  S  V
P  R  Z  M  G  Z  N  H  E  H  D  E  I  P  Z  K  S  F  W
X  P  O  L  Y  Z  Y  R  L  F  M  E  H  R  M  U  G  L  R
T  S  W  D  Q  K  B  Q  L  K  Y  A  X  K  L  C  O  E  P
G  X  U  I  B  R  E  A  M  W  P  J  L  H  L  R  T  V  Z
Q  C  P  E  I  N  K  K  D  L  E  V  C  L  W  J  E  A  M
L  C  H  L  R  E  O  E  X  W  T  S  Z  O  O  Z  M  P  U
U  T  L  K  O  Z  Z  X  Y  W  N  M  Y  A  K  R  T  W  Q
N  E  W  R  S  T  R  L  Z  E  Z  G  C  B  N  Q  C  T  C
E  Y  S  E  X  I  S  R  T  Z  O  F  L  R  I  S  N  A  W
D  M  E  M  I  W  D  O  M  C  W  E  Z  E  L  T  E  N  O
X  S  N  M  J  H  N  N  X  E  G  W  M  M  S  K  N  V  Z
R  E  L  O  B  C  P  M  A  L  H  B  L  S  H  V  A  Z  U
X  O  G  S  L  S  P  S  J  R  L  F  I  T  R  E  B  O  S
A  Q  B  J  S  P  V  K  L  S  B  T  U  X  I  Z  E  B  V
W  D  U  I  Y  K  T  H  K  U  L  N  U  J  R  P  L  M  Q
Z  K  V  D  U  C  X  G  Y  Z  F  F  E  P  Y  W  F  U  I
Z  G  V  G  A  E  O  J  S  H  L  Y  L  N  A  H  R  P  G
O  W  D  W  L  E  Z  F  C  W  Y  B  M  O  O  Z  E  B  U
N  T  A  D  X  X  U  N  Y  F  M  P  L  Z  Q  S  I  Y  I
```

```
E D X O H Y L O A S L S P J K T L E S
W P Q L S Q S Z D U O I H O M R M I G
E T Y Y Q D H R W V D J P A C K E N O
O A J X V S B D F W Y A B U K K R I H
N L E H C S U M S P G B B Z A O H K G
Y F T W A L D B R A N D S D C Q J N H
C J B X C J W M P J A J L F N V B J Y
S E X Q H T O K L L G J J C U A O S P
O S I H A L V N S P R F N C E R R I F
M I N Z Z M F Y Q V E R T R A O S T A
M R M N U M K M M J I U M D M H Q I S
E B Z M X Q O M A R Z P Q U J U T A C
R R S C D F F C V R A G S X P R X N E
S E E Q F K F Y R V P S O F S R I A I
O M E Y B B E A K T S E F R E M M O S
N M L M H M R I L Q D C G O R V D V G
N O A I X M E B S Y L A G C Z B T V E
E S H T N Q N F F U A M S J S K T J K
F G G V U Z B O P A W U J U M C Q N U
D X V J N E R E E B S I N N A H O J E
L Y N X D Q Y U T U T P W A R B M L H
H M A H T G M P V Z P V T S G J V X L
V E V Q G E N J P F W W Q K H X B L T
W Z V J V T G B F T C T Z E E P L J Z
```

WALDSPAZIERGANG
JOHANNISBEEREN
KOFFER PACKEN
SOMMERSONNE
SOMMERBRISE

EISGEKUEHLT
SOMMERFEST
WALDBRAND
STRANDBAD
MUSCHELN

Lösung

```
E  D  X  O  H  Y  L  O  A  S  L  S  P  J  K  T  L  E  S
W  P  Q  L  S  Q  S  Z  D  U  O  I  H  O  M  R  M  I  G
E  T  Y  Y  Q  D  H  R  W  V  D  J  P  A  C  K  E  N  O
O  A  J  X  V  S  B  D  F  W  Y  A  B  U  K  K  R  I  H
N  L  E  H  C  S  U  M  S  P  G  B  B  Z  A  O  H  K  G
Y  F  T  W  A  L  D  B  R  A  N  D  S  D  C  Q  J  N  H
C  J  B  X  C  J  W  M  P  J  A  J  L  F  N  V  B  J  Y
S  E  X  Q  H  T  O  K  L  L  G  J  J  C  U  A  O  S  P
O  S  I  H  A  L  V  N  S  P  R  F  N  C  E  R  R  I  F
M  I  N  Z  Z  M  F  Y  Q  V  E  R  T  R  A  O  S  T  A
M  R  M  N  U  M  K  M  M  J  I  U  M  D  M  H  Q  I  S
E  B  Z  M  X  Q  O  M  A  R  Z  P  Q  U  J  U  T  A  C
R  R  S  C  D  F  F  C  V  R  A  G  S  X  P  R  X  N  E
S  E  E  Q  F  K  F  Y  R  V  P  S  O  F  S  R  I  A  I
O  M  E  Y  B  B  E  A  K  T  S  E  F  R  E  M  M  O  S
N  M  L  M  H  R  I  L  Q  D  C  G  O  R  V  D  V  G
N  O  A  I  X  M  E  B  S  Y  L  A  G  C  Z  B  T  V  E
E  S  H  T  N  Q  N  F  F  U  A  M  S  J  S  K  T  J  K
F  G  G  V  U  Z  B  O  P  A  W  U  J  U  M  C  Q  N  U
D  X  V  J  N  E  R  E  E  B  S  I  N  N  A  H  O  J  E
L  Y  N  X  D  Q  Y  U  T  U  T  P  W  A  R  B  M  L  H
H  M  A  H  T  G  M  P  V  Z  P  V  T  S  G  J  V  X  L
V  E  V  Q  G  E  N  J  P  F  W  W  Q  K  H  X  B  L  T
W  Z  V  J  V  T  G  B  F  T  C  T  Z  E  E  P  L  J  Z
```

```
H J P Z X T N M M C F U H Z C C C U Y
L H R R A C N W P I F K N S C B Z G Z
S I E E L L I N A V B W L F N Q F N K
J J S S M S G K V R J G Z N E R B K I
C R X E J E J C O S Z C B S H Z F S S
E T K S V E J M O Q X Z M Z C S K W G
T Q C I J J B N O R D S O M M E R V N
W D W E Y E Z A U B T P Q E E T I T A
V Q V R E A G K J K S A B C U P H L C
T U M R A J Y W F R B R I U L Q A R K
T L E E C D Z W S I K V R N B Q Q C T
A N G M B L L Q X P F I R J E N F Y S
G S M M H A F C O B A Z Y E S I M V C
F C M O R Q N O R L N Z K A N O U Z H
A W W S K A L Q O Z L Q E S E M D M N
L A F V M P I L Q A O Y F B A W N I E
T G G R A D D S M I X Q I V G J I U C
E J U R K T Y X Q M H R L A X F K I K
R T T J H S G L W A L U D Z M B R O E
Q Y F W S X S N Z Q D E O S P D E Y N
F R M Y A Y S M U C H I K U V H M A R
J O S L X K N P G G I E T F Y X M B E
P B I S V H L N C E R F M O A Z O M A
V N U I N I Z O S A N D B U R G S T S
```

GAENSEBLUEMCHEN
NACKTSCHNECKEN
SOMMERREISE
NORDSOMMER
SOMMERKIND

VANILLEEIS
BROMBEEREN
POOLPARTY
TAGFALTER
SANDBURG

```
H J P Z X T N M M C F U H Z C C U Y
L H R R A C N W P I F K N S C B Z G Z
S I E E L L I N A V B W L F N Q F N K
J J S S M S G K V R J G Z N E R B K I
C R X E J E J C O S Z C B S H Z F S S
E T K S V E J M O Q X Z M Z C S K W G
T Q C I J J B N O R D S O M M E R V N
W D W E Y E Z A U B T P Q E E T I T A
V Q V R E A G K J K S A B C U P H L C
T U M R A J Y W F R B R I U L Q A R K
T L E E C D Z W S I K V R N B Q Q C T
A N G M B L L Q X P F I R J E N F Y S
G S M M H A F C O B A Z Y E S I M V C
F C M O R Q N O R L N Z K A N O U Z H
A W W S K A L Q O Z L Q E S E M D M N
L A F V M P I L Q A O Y F B A W N I E
T G G R A D D S M I X Q I V G J I U C
E J U R K T Y X Q M H R L A X F K I K
R T T J H S G L W A L U D Z M B R O E
Q Y F W S X S N Z Q D E O S P D E Y N
F R M Y A Y S M U C H I K U V H M A R
J O S L X K N P G G I E T F Y X M B E
P B I S V H L N C E R F M O A Z O M A
V N U I N I Z O S A N D B U R G S T S
```

```
Q  S  C  A  K  C  S  X  C  N  Z  P  W  C  N  Z  G  O  K
D  V  H  N  L  L  F  S  S  O  M  M  E  R  P  A  U  S  E
R  Z  Y  A  Z  I  Q  Q  S  G  L  I  S  A  K  O  C  B  H
F  S  A  B  N  N  M  V  F  X  M  E  L  O  N  E  R  F  H
O  O  D  Y  E  W  Z  H  E  F  O  N  B  L  G  M  E  Z  B
V  R  N  K  N  B  C  Q  R  K  H  D  U  Z  V  R  I  O  X
T  B  E  W  O  U  Q  A  I  A  X  H  T  Q  W  I  S  Z  D
O  A  B  E  L  A  J  L  E  G  K  W  S  F  U  H  E  A  N
R  G  A  C  E  L  G  M  N  A  P  M  U  W  H  C  N  Q  P
E  P  R  Y  M  R  Y  U  P  U  Y  V  D  G  N  S  E  V  E
U  M  E  H  R  U  T  O  R  D  U  B  W  M  M  N  L  M  N
P  N  M  B  E  E  K  R  O  O  A  A  G  C  T  E  A  M  Z
R  M  M  G  S  E  B  E  G  P  R  S  A  T  L  N  D  M  Z
B  R  O  E  S  S  I  F  R  E  W  F  W  L  C  N  G  F  W
U  V  S  U  A  T  U  E  A  L  Q  F  E  J  I  O  L  J  Q
G  W  M  U  W  S  M  A  M  A  U  U  X  M  C  S  B  G  M
E  N  Y  X  Y  O  B  K  M  U  A  O  O  Q  N  G  R  H  W
C  X  M  H  X  M  B  W  P  G  L  V  X  G  A  X  B  Z  V
D  Q  H  C  V  M  A  M  M  Z  L  R  Q  C  H  J  O  C  M
C  K  Q  G  W  S  Z  P  P  P  E  Q  I  T  Y  Z  E  W  N
P  R  O  L  G  O  R  M  L  T  N  J  S  W  A  Q  D  M  L
X  J  V  A  Y  P  R  Q  Y  K  W  U  B  B  S  R  R  P  V
P  V  S  F  S  M  V  L  C  D  H  Q  I  P  U  E  Z  Q  M
O  S  R  B  G  F  R  Q  N  B  C  T  R  Q  W  A  B  L  N
```

FERIENPROGRAMM   SOMMERPAUSE

WASSERMELONEN   QUALLEN

SONNENSCHIRM   MELONE

OSTSEEURLAUB   REISEN

SOMMERABEND   KAEFER

Lösung

```
Q  S  C  A  K  C  S  X  C  N  Z  P  W  C  N  Z  G  O  K
D  V  H  N  L  L  F  S  S  O  M  M  E  R  P  A  U  S  E
R  Z  Y  A  Z  I  Q  Q  S  G  L  I  S  A  K  O  C  B  H
F  S  A  B  N  N  M  V  F  X  M  E  L  O  N  E  R  F  H
O  O  D  Y  E  W  Z  H  E  F  O  N  B  L  G  M  E  Z  B
V  R  N  K  N  B  C  Q  R  K  H  D  U  Z  V  R  I  O  X
T  B  E  W  O  U  Q  A  I  A  X  H  T  Q  W  I  S  Z  D
O  A  B  E  L  A  J  L  E  G  K  W  S  F  U  H  E  A  N
R  G  A  C  E  L  G  M  N  A  P  M  U  W  H  C  N  Q  P
E  P  R  Y  M  R  Y  U  P  U  Y  V  D  G  N  S  E  V  E
U  M  E  H  R  U  T  O  R  D  U  B  W  M  M  N  L  M  N
P  N  M  B  E  E  K  R  O  O  A  A  G  C  T  E  A  M  Z
R  M  M  G  S  E  B  E  G  P  R  S  A  T  L  N  D  M  Z
B  R  O  E  S  S  I  F  R  E  W  F  W  L  C  N  G  F  W
U  V  S  U  A  T  U  E  A  L  Q  F  E  J  I  O  L  J  Q
G  W  M  U  W  S  M  A  M  A  U  U  X  M  C  S  B  G  M
E  N  Y  X  Y  O  B  K  M  U  A  O  O  Q  N  G  R  H  W
C  X  M  H  X  M  B  W  P  G  L  V  X  G  A  X  B  Z  V
D  Q  H  C  V  M  A  M  M  Z  L  R  Q  C  H  J  O  C  M
C  K  Q  G  W  S  Z  P  P  P  E  Q  I  T  Y  Z  E  W  N
P  R  O  L  G  O  R  M  L  T  N  J  S  W  A  Q  D  M  L
X  J  V  A  Y  P  R  Q  Y  K  W  U  B  B  S  R  R  P  V
P  V  S  F  S  M  V  L  C  D  H  Q  I  P  U  E  Z  Q  M
O  S  R  B  G  F  R  Q  N  B  C  T  R  Q  W  A  B  L  N
```

```
H N C N T V F D R D S F U J X P H E W
G Y Q Y E X Z W F R Y X W O O C W K T
D R X K W G L U U J N O F S W G A T E
A D H U S A E W E R R W O K S S N B R
P N I J W W Z R R A Z E Y Y N I D F M
M N H Q U Y R N I B E S S X D C E Y A
K U X B R U F N L N H I F E Z E R U G
Y S Y J L S G U R K U V S C A C T S T
I U G Y I T O O C E R J X D N R A C F
M K M B E Z F A T R D W K V I L G K F
R V M B O I M U T K P O F P N E W Y X
U C O K Y B N O D H Z F M B C P L S H
B U T G Q O M A J R S O R R F X O E I
Q W A I Q Y T P N B E T L I E M K H W
G F Z W Z Z Q T Z L J M U H M M G A M
P M O H N B L U M E N O M E D P M F T
J J M W E Y I T Y T I C R O C N D O K
P G N Q B K Q D A V G F J C S V E J S
C E I N R S I K O A L M R Q Q P F F E
B N A Q N Z A J N I T G Y V Y B L U A
I D G R I L L F E S T P X J N M F X J
B C R R F G C D L Y E C Q D A G H Y Z
Q G I R W P E U I C B L Y L K D E Q A
Q H T X O R L O V K V N E I L H A D W
```

 SOMMERFLIEDER   JUNIREGEN

MOHNBLUMEN   GRILLFEST

SOMMERDUFT   EISDIELE

SOMMERMODE   DAHLIEN

WANDERTAG   GRAESER

Lösung

```
H N C N T V F D R D S F U J X P H E W
G Y Q Y E X Z W F R Y X W O O C W K T
D R X K W G L U U J N O F S W G A T E
A D H U S A E W E R R W O K S S N B R
P N I J W W Z R R A Z E Y Y N I D F M
M N H Q U Y R N I B E S S X D C E Y A
K U X B R U F N L N H I F E Z E R U G
Y S Y J L S G U R K U V S C A C T S T
I U G Y I T O O C E R J X D N R A C F
M K M B E Z F A T R D W K V I L G K F
R V M B O I M U T K P O F P N E W Y X
U C O K Y B N O D H Z F M B C P L S H
B U T G Q O M A J R S O R R F X O E I
Q W A I Q Y T P N B E T L I E M K H W
G F Z W Z Z Q T Z L J M U H M M G A M
P M O H N B L U M E N O M E D P M F T
J J M W E Y I T Y T I C R O C N D O K
P G N Q B K Q D A V G F J C S V E J S
C E I N R S I K O A L M R Q Q P F F E
B N A Q N Z A J N I T G Y V Y B L U A
I D G R I L L F E S T P X J N M F X J
B C R R F G C D L Y E C Q D A G H Y Z
Q G I R W P E U I C B L Y L K D E Q A
Q H T X O R L O V K V N E I L H A D W
```

```
F C T L Q W Y L S U R H R U Y P W J F
A P P Z L P H T D Q K U U R N G S W Z
H T Z N O F W V F J A W O M M I O Z V
Z R V E O P U L N K P V B T Y B M O T
I Z K D Z O O L X C K W E Q D Z M U Q
W W J I G C W T J N W M K L N A E V A
S B J S X F R D E N E K C E U M R Z F
V D E E M U K L R P D Y E O K X B Z X
Y G B R I X Q I E K Y Y R I N E R N N
C S Z R X J U T P T V L H V C G I O P
Y D D E P M D N A R T S C D X B S M J
D A S M Z W P U W M H A S L S B E U Z
B Y N M R N C Z U E H V U I H M K A U
W M J O R O R D N R B T E B Y X Y Q K
Y Y J S Y Y J Z G M V B H E X K C O L
H B P O L P B E G V G F E L H H S X K
C D X O E H W T T W O J L L B X P L B
O W L M E U M Q T D Y M V E N K M K R
T Y X B A D E S T R A N D N M F M T K
V B S I A X V O X L H I N L Y S B T G
M C N M X Y F L R R A F M K E J V N O
X D B L P D D W H K F A W R W Q X E X
I A J Z B Z S Q H T A L V W Q N K D U
A Z D Z V Y U M T U E R K E I Z M C E
```

9

Lösung

```
F C T L Q W Y L S U R H R U Y P W J F
A P P Z L P H T D Q K U U R N G S W Z
H T Z N O F W V F J A W O M M I O Z V
Z R V E O P U L N K P V B T Y B M O T
I Z K D Z O O L X C K W E Q D Z M U Q
W W J I G C W T J N W M K L N A E V A
S B J S X F R D E N E K C E U M R Z F
V D E E M U K L R P D Y E O K X B Z X
Y G B R I X Q I E K Y Y R I N E R N N
C S Z R X J U T P T V L H V C G I O P
Y D D E P M D N A R T S C D X B S M J
D A S M Z W P U W M H A S L S B E U Z
B Y N M R N C Z U E H V U I H M K A U
W M J O R O R D N R B T E B Y X Y Q K
Y Y J S Y Y J Z G M V B H E X K C O L
H B P O L P B E G V G F E L H H S X K
C D X O E H W T T W O J L L B X P L B
O W L M E U M Q T D Y M V E N K M K R
T Y X B A D E S T R A N D N M F M T K
V B S I A X V O X L H I N L Y S B T G
M C N M X Y F L R R A F M K E J V N O
X D B L P D D W H K F A W R W Q X E X
I A J Z B Z S Q H T A L V W Q N K D U
A Z D Z V Y U M T U E R K E I Z M C E
```

```
R D X W F F J N I C H T S T U N N A J
K F J J D A V U E F A Y E N Z I K T Q
H U S W R N B V U W K J Y S B B O J F
C U B Q D E P E O B H M L W V F K Q E
U S T I Y U D B R B Z B J I J Y K X Q
X N O R N S N B B V T L C D L A V E
K Z U Y D S I D I S R B C Q T J C U E
H E R V S X E J G K N C R Z V C F L M
N S I S Z Y L K A R L U V Q X S V P H
N Y S B M N O C T D P E A T O O E H J
B C M O M L K S Z E E R G J M M R C Y
P W U N T S A A A O N N Z O A M G R B
M P S A J K P V D N A T J L V E I R L
S O M M E R A B E N D R O T X R S H J
I Q L S E Z F K G N C A H Z R V S Q T
R Z Q G H A O Y Z G D Y L F K O M C L
S K C R O S E N E J B E A E Q G E Q Y
R E K G T L B R K X J V L J N E I F I
U K Z O Z T Q X H G C F W I M L N N K
Y Q Z Y G F B T I Z D W D G D P N M I
E Y Q N O V M J T T Y U T Y V Z I R U
I T I P U Y U W C E V L X V B S C Z O
Z X C B A Y V S P I X Q V K R D H W L
L Y V J B N Z Y K N W F I L N D T Q F
```

VERGISSMEINNICHT
SOMMERABENDROT
VOGELKINDER
SOMMERVOGEL
NICHTSTUN

TOURISMUS
INSEKTEN
LAVENDEL
SANDALEN
ROSEN

Lösung

```
R D X W F F J N I C H T S T U N N A J
K F J J D A V U E F A Y E N Z I K T Q
H U S W R N B V U W K J Y S B B O J F
C U B Q D E P E O B H M L W V F K Q E
U S T I Y U D B R B Z B J I J Y K X Q
X N O R N N S N B B V T L C D L A V E
K Z U Y D S I D I S R B C Q T J C U E
H E R V S X E J G K N C R Z V C F L M
N S I S Z Y L K A R L U V Q X S V P H
N Y S B M N O C T D P E A T O O E H J
B C M O M L K S Z E E R G J M M R C Y
P W U N T S A A A O N N Z O A M G R B
M P S A J K P V D N A T J L V E I R L
S O M M E R A B E N D R O T X R S H J
I Q L S E Z F K G N C A H Z R V S Q T
R Z Q G H A O Y Z G D Y L F K O M C L
S K C R O S E N E J B E A E Q G E Q Y
R E K G T L B R K X J V L J N E I F I
U K Z O Z T Q X H G C F W I M L L N N K
Y Q Z Y G F B T I Z D W D G D P N M I
E Y Q N O V M J T T Y U T Y V Z I R U
I T I P U Y U W C E V L X V B S C Z O
Z X C B A Y V S P I X Q V K R D H W L
L Y V J B N Z Y K N W F I L N D T Q F
```

```
L R M V J C R R Z Q G Z N Q C E N N H
X U D J U U T E G J K O E C O G Z T S
Q H I W E O A O U W H B A E M B A L O
J G G Y G A E E P H Y X H L D X W A S
V E J X X L Q S N L V T I Y D U V I G
G B P H E E T D B R I L O B S C H O N
F E E K S E L V P F I A Z D O Y C F B
X E S A J P F L U E C K E N M X F I M
Z R Z C Y U L U N F X M S V M B E X M
J E F X Z M A A S F M P P P F E Y U E X
Y N P G S P O L F P I L F S R A L N F
L D P N E R E E B M I H C H R U X V R
M S L T R E O K I E A F Z H E P L S Z
C U U W Z F R Z L K U V Y V I C L Q G
D R A Q E R P L F T D V J D F L H E X
D N W C W H E V E G N W T W E H O J X
N E T R A G R E M M O S B W N Y F N S
A W K D J T Y Z U T B G A K S T S T P
S Q U D O A H O J Q G U R Q C J Z F X
V V H Q N E S S O R P S R E M M O S K
H W B F S C U W Q K O R N B L U M E N
L R W W D U A W U M S T V E R W V A M
E E S E D A B B Z Q B Z Q E X T I B J
H Q S C H W I M M B A D W H J F P N V
```

11

BEEREN PFLUECKEN
SOMMERSPROSSEN
SOMMERREIFEN
SOMMERGARTEN
KORNBLUMEN

SCHWIMMBAD
HIMBEEREN
FLIPFLOPS
BADESEE
LILIEN

Lösung

```
L R M V J C R R Z Q G Z N Q C E N N H
X U D J U U T E G J K O E C O G Z T S
Q H I W E O A O U W H B A E M B A L O
J G G Y G A E E P H Y X H L D X W A S
V E J X X L Q S N L V T I Y D U V I G
G B P H E E T D B R I L O B S C H O N
F E E K S E L V P F I A Z D O Y C F B
X E S A J P F L U E C K E N M X F I M
Z R Z C Y U L U N F X M S V M B E X M
J E F X Z M A A S F M P P F E Y U E X
Y N P G S P O L F P I L F S R A L N F
L D P N E R E E B M I H C H R U X V R
M S L T R E O K I E A F Z H E P L S Z
C U U W Z F R Z L K U V Y V I C L Q G
D R A Q E R P L F T D V J D F L H E X
D N W C W H E V E G N W T W E E H O J X
N E T R A G R E M M O S B W N Y F N S
A W K D J T Y Z U T B G A K S T S T P
S Q U D O A H O J Q G U R Q C J Z F X
V V H Q N E S S O R P S R E M M O S K
H W B F S C U W Q K O R N B L U M E N
L R W W D U A W U M S T V E R W V A M
E E S E D A B B Z Q B Z Q E X T I B J
H Q S C H W I M M B A D W H J F P N V
```

```
V  S  C  L  I  E  G  E  S  T  U  H  L  W  F  W  X  P  I
V  N  M  S  R  X  O  H  W  E  R  Z  E  O  D  Y  A  K  D
C  O  O  R  S  S  S  V  R  K  P  Y  Z  Q  E  N  A  O  Q
V  C  O  X  B  T  K  F  H  I  K  P  O  K  P  J  S  G  R
V  E  Z  W  R  I  P  A  G  M  M  Q  V  T  B  F  I  A  V
Z  U  O  O  R  O  D  P  P  K  A  N  K  J  P  P  O  T  M
T  E  H  S  O  K  T  X  M  N  E  Y  L  P  N  A  V  J  U
P  J  C  U  T  D  R  N  S  T  H  I  K  Q  N  J  W  B  Y
Y  W  H  R  V  Q  T  M  P  L  D  N  P  N  A  D  X  A  J
O  S  A  Z  H  J  N  O  F  M  R  U  J  Z  N  H  Q  D  X
P  C  A  V  J  F  R  S  O  Y  E  Q  I  X  Z  U  M  R  F
Q  W  O  E  D  U  Q  M  U  K  S  S  R  B  C  M  M  A  I
D  O  J  R  N  L  H  E  V  J  C  R  Y  M  L  M  X  U  W
H  N  C  L  W  N  A  C  C  N  H  D  X  U  L  E  D  S  Y
U  F  A  Y  F  J  J  G  Z  F  E  P  X  J  I  L  K  S  S
A  Z  V  R  C  Y  H  N  E  S  R  J  K  N  R  H  G  E  O
U  P  C  O  T  E  L  V  V  R  R  V  T  T  I  Y  T  N  M
L  H  A  I  U  S  O  N  L  Z  F  V  X  A  D  N  U     M
N  L  A  C  J  B  D  W  I  N  O  E  L  J  D  S  R  E  E
S  W  U  N  F  P  S  N  L  K  Z  L  U  F  V  G  C  S  R
P  C  A  O  V  K  Z  J  A  G  V  M  L  E  C  A  G  S  Z
V  B  N  U  T  Y  U  D  R  S  X  P  P  O  R  S  T  E  E
U  X  N  E  H  C  S  R  I  K  A  N  S  S  E  C  H  N  I
Z  X  A  D  J  K  G  U  A  Y  S  N  E  L  L  I  R  G  T
```

12

DRAUSSEN ESSEN

MAEHDRESCHER

LAGERFEUER

SANDSTRAND

LIEGESTUHL

SOMMERZEIT

KIRSCHEN

GRILLEN

HUMMEL

STROH

Lösung

V	S	C	L	I	E	G	E	S	T	U	H	L	W	F	W	X	P	I
V	N	M	S	R	X	O	H	W	E	R	Z	E	O	D	Y	A	K	D
C	O	O	R	S	S	S	V	R	K	P	Y	Z	Q	E	N	A	O	Q
V	C	O	X	B	T	K	F	H	I	K	P	O	K	P	J	S	G	R
V	E	Z	W	R	I	P	A	G	M	M	Q	V	T	B	F	I	A	V
Z	U	O	O	R	O	D	P	P	K	A	N	K	J	P	P	O	T	M
T	E	H	S	O	K	T	X	M	N	E	Y	L	P	N	A	V	J	U
P	J	C	U	T	D	R	N	S	T	H	I	K	Q	N	J	W	B	Y
Y	W	H	R	V	Q	T	M	P	L	D	N	P	N	A	D	X	A	J
O	S	A	Z	H	J	N	O	F	M	R	U	J	Z	N	H	Q	D	X
P	C	A	V	J	F	R	S	O	Y	E	Q	I	X	Z	U	M	R	F
Q	W	O	E	D	U	Q	M	U	K	S	S	R	B	C	M	M	A	I
D	O	J	R	N	L	H	E	V	J	C	R	Y	M	L	M	X	U	W
H	N	C	L	W	N	A	C	C	N	H	D	X	U	L	E	D	S	Y
U	F	A	Y	F	J	J	G	Z	F	E	P	X	J	I	L	K	S	S
A	Z	V	R	C	Y	H	N	E	S	R	J	K	N	R	H	G	E	O
U	P	C	O	T	E	L	V	V	R	R	V	T	T	I	Y	T	N	M
L	H	A	I	U	S	O	N	L	Z	F	V	X	A	D	N	U	E	M
N	L	A	C	J	B	D	W	I	N	O	E	L	J	D	S	R	E	E
S	W	U	N	F	P	S	N	L	K	Z	L	U	F	V	G	C	S	R
P	C	A	O	V	K	Z	J	A	G	V	M	L	E	C	A	G	S	Z
V	B	N	U	T	Y	U	D	R	S	X	P	P	O	R	S	T	E	E
U	X	N	E	H	C	S	R	I	K	A	N	S	S	E	C	H	N	I
Z	X	A	D	J	K	G	U	A	Y	S	N	E	L	L	I	R	G	T

```
X H W W A P H J D Z C E V D Q I Q M T
F L D B V C T N I P T S N Q G X P W D
P F B T M P W O S G E E W K T N I Z X
G W Q N N S O F C H U I F U P K K G B
M K M F V U E W A Q Q W F U K P X E R
T F J Y J M L L U H M E S H G S P G I
N H P Q D B K A Q C Q G H M I N H N C
J E C B J I C Q I O X E F S U G T I E
H S H U N N H E D P B I I O P T L L Q
F I K E R X E H P Z L L M F P X R U
I D T U G F N A C B T Z C M G Z D E O
F O K Z E R S S K B S H E C B S T I
V R F A E H N E F E C V H R Q L H T B
D J Y O H F L E M M I G M G G J U E Z
T P Y S O J R T D M E Y E E W C N M O
I H G D J K Y E A A O C C W F P T H C
E G H Z V Q O R I S B S X I R T F C M
R H H Y F N X Y J C C D C T J G D S V
K K Z X M Z S N P G B H U T K J Q A G
I N L N E K A L E D A B E E G G P A P
N Z W F M H W X H M K H D R T Y L N Q
D U D Q S A Y N N A V C B A P S L W U
E C A L Q K Z H J U R P I R J S W P A
R U N M W B T A B C U Y F P R C E F Q
```

13

SCHMETTERLINGE
SOMMERGEWITTER
SOMMERFRUCHT
KUEHLTASCHE
BADEN GEHEN

LIEGEWIESE
TIERKINDER
HITZEFREI
WOELKCHEN
BADELAKEN

Lösung

```
X  H  W  W  A  P  H  J  D  Z  C  E  V  D  Q  I  Q  M  T
F  L  D  B  V  C  T  N  I  P  T  S  N  Q  G  X  P  W  D
P  F  B  T  M  P  W  O  S  G  E  E  W  K  T  N  I  Z  X
G  W  Q  N  N  S  O  F  C  H  U  I  F  U  P  K  K  G  B
M  K  M  F  V  U  E  W  A  Q  Q  W  F  U  K  P  X  E  R
T  F  J  Y  J  M  L  L  U  H  M  E  S  H  G  S  P  G  I
N  H  P  Q  D  B  K  A  Q  C  Q  G  H  M  I  N  H  N  C
J  E  C  B  J  I  C  Q  I  O  X  E  F  S  U  G  T  I  E
H  S  H  U  N  N  H  E  D  P  B  I  I  O  P  T  L  L  Q
F  I  K  E  R  X  E  H  H  P  Z  L  L  M  F  P  X  R  U
I  D  T  U  G  F  N  A  C  B  T  Z  C  M  G  Z  D  E  O
F  O  K  Z  E  R  S  S  K  B  S  H  E  C  B  S  T  I
V  R  F  A  E  H  N  E  F  E  C  V  H  R  Q  L  H  T  B
D  J  Y  O  H  F  L  E  M  M  I  G  M  G  G  J  U  E  Z
T  P  Y  S  O  J  R  T  D  M  E  Y  E  E  W  C  N  M  O
I  H  G  D  J  K  Y  E  A  A  O  C  C  W  F  P  T  H  C
E  G  H  Z  V  Q  O  R  I  S  B  S  X  I  R  T  F  C  M
R  H  H  Y  F  N  X  Y  J  C  C  D  C  T  J  G  D  S  V
K  K  Z  X  M  Z  S  N  P  G  B  H  U  T  K  J  Q  A  G
I  N  L  N  E  K  A  L  E  D  A  B  E  E  G  G  P  A  P
N  Z  W  F  M  H  W  X  H  M  K  H  D  R  T  Y  L  N  Q
D  U  D  Q  S  A  Y  N  N  A  V  C  B  A  P  S  L  W  U
E  C  A  L  Q  K  Z  H  J  U  R  P  I  R  J  S  W  P  A
R  U  N  M  W  B  T  A  B  C  U  Y  F  P  R  C  E  F  Q
```

```
O I W F E E F G P Q G P L N U V I Y C
H B E K E R G S T P X K S N V U H M U
T M F F X E P E Q E F X T U D B U E W
C L A T U U L K T L S P H V E T N R I
M W C Y Z T D Y F O M R W Z R B K X M
E L S B S Y R H M Y T K V D Z G I H G
D R I E S C C M Z Q P S N X T N B H A
C J E I Y J E L E H S E I W U S L W E
Q N Q A B R N V W C R U P W Y G B X V
C Z V Y L O L Q J I X D B S G O L U H
Y O N I N E Y G H T Q B E M T F P V C
J H E H J J U C S S K X X K I Q D O H I
O B K H I G W D A N L J B Y K S G Y T
E Z N Q T M S U M E J Y O A H C V P S
P N N S N J E F J K G E W I T T E R N
H Z F M N A U H Y C B I N X K D H F E
D R T T F U L D N E B A R E M M O S K
G J C O G S P K B Z C P B F X H K H C
V K I Q V V H H J H W W F H C R B N E
M U A E W I Z A G Y E Q H T N A A A U
C R E F E A K N E I R A M H G Q L R M
B M Y F M J Q Z G C D H L P G V O N T
K Z L F F F K E B U I P S T R O H H U T
E Z T I H Y N E S O H     E Z R U K S U
```

SOMMERABENDLUFT
MUECKENSTICH
MARIENKAEFER
KURZE HOSEN
ZECKENSTICH

SOMMERLIEBE
STROHHUT
GEWITTER
EISCAFE
HITZE

Lösung

O	I	W	F	E	E	F	G	P	Q	G	P	L	N	U	V	I	Y	C
H	B	E	K	E	R	G	S	T	P	X	K	S	N	V	U	H	M	U
T	M	F	F	X	E	P	E	Q	E	F	X	T	U	D	B	U	E	W
C	L	A	T	U	U	L	K	T	L	S	P	H	V	E	T	N	R	I
M	W	C	Y	Z	T	D	Y	F	O	M	R	W	Z	R	B	K	X	M
E	L	S	B	S	Y	R	H	M	Y	T	K	V	D	Z	G	I	H	G
D	R	I	E	S	C	C	M	Z	Q	P	S	N	X	T	N	B	H	A
C	J	E	I	Y	J	E	L	E	H	S	E	I	W	U	S	L	W	E
Q	N	Q	A	B	R	N	V	W	C	R	U	P	W	Y	G	B	X	V
C	Z	V	Y	L	O	L	Q	J	I	X	D	B	S	G	O	L	U	H
Y	O	N	I	N	E	Y	G	H	T	Q	B	E	M	T	F	P	V	C
J	H	E	H	J	J	U	C	S	S	K	X	X	I	Q	D	O	H	I
O	B	K	H	I	G	W	D	A	N	L	J	B	Y	K	S	G	Y	T
E	Z	N	Q	T	M	S	U	M	E	J	Y	O	A	H	C	V	P	S
P	N	N	S	N	J	E	F	J	K	G	E	W	I	T	T	E	R	N
H	Z	F	M	N	A	U	H	Y	C	B	I	N	X	K	D	H	F	E
D	R	T	T	F	U	L	D	N	E	B	A	R	E	M	M	O	S	K
G	J	C	O	G	S	P	K	B	Z	C	P	B	F	X	H	K	H	C
V	K	I	Q	V	V	H	H	J	H	W	W	F	H	C	R	B	N	E
M	U	A	E	W	I	Z	A	G	Y	E	Q	H	T	N	A	A	A	U
C	R	E	F	E	A	K	N	E	I	R	A	M	H	G	Q	L	R	M
B	M	Y	F	M	J	Q	Z	G	C	D	H	L	P	G	V	O	N	T
K	Z	L	F	F	K	E	B	U	I	P	S	T	R	O	H	H	U	T
E	Z	T	I	H	Y	N	E	S	O	H	E	Z	R	U	K	S	U	

```
H U X N C Y A A A P A I L U J W J U L
N R B U X P N Z K S N M S Q T M C U W
W S D C J Z F P S O N N E N B L U M E
Y X D I X S L C W M H N N F A B K A L
U J T U A A T W Z X E I I R J O F T L
X U R Y Q F R V W N P G A O W R V I A
T K H T Z A Y Z U V A N J A Y P H H B
P G I D X V E D O I T A S K L G I S R
A L O Q R P D T Q J H G O V G W E H E
J S U M G Y X D Q N S R Y V D H Z I S
N V A U R W U A B X D E V G M C P D S
M L T Z A N U N K H Y I K N P A L K A
K L S G X K C E F S V Z W N H Z V A W
S E K N S M D I K J U A B M B I A L W
A F U E B U P R D W D P Q X F R J S I
A R G S Q U G E R X U S I Z I Z Y J Y
M E G I M W B F P R I D N B O W J G O
K M K E E B H R L E G N H T G N U D G
K M H R X S O E L E F A J F L N W O T
X O P R V P E M T M V R H Q U B K R F
N S C E H Q P M O Q H T G C D M A N R
U G L V C K C O K K M S V F X J Z P P
N H O D V V N S Q G W F O I F R L K N
R Q P I C K N I C K K O R B Q A S M H
```

STRANDSPAZIERGANG
SOMMERFERIEN
PICKNICKKORB
SONNENBLUME
WASSERBALL

SOMMERFELL
VERREISEN
MEER
STAU
JULI

Lösung

```
H U X N C Y A A A P A (I L U J) W J U L
N R B U X P N Z K S N M S Q T M C U W
W S D C J Z F P (S O N N E N B L U M E)
Y X D I X S L C W M H N N F A B K A L
U J T U A A T W Z X E I I R J O F T L
X U R Y Q F R V W N P G A O W R V I A
T K H T Z A Y Z U V A N J A Y P H H B
P G I D X V E D O I T A S K L G I S R
A L O Q R P D T Q J H G O V G W E H E
J S U M G Y X D Q N S R Y V D H Z I S
N V A U R W U A B X D E V G M C P D S
M L T Z A N U N K H Y I K N P A L K A
K L S G X K C E F S V Z W N H Z V A W
S E K N S M D I K J U A B M B I A L W
A F U E B U P R D W D P Q X F R J S I
A R G S Q U G E R X U S I Z I Z Y J Y
M E G I M W B F P R I D N B O W J G O
K M K E E B H R L E G N H T G N U D G
K M H R X S O E L E F A J F L N W O T
X O P R V P E M T M V R H Q U B K R F
N S C E H Q P M O Q H T G C D M A N R
U G L V C K C O K K M S V F X J Z P P
N H O D V V N S Q G W F O I F R L K N
R Q (P I C K N I C K K O R B) Q A S M H
```

```
E G A T S D N U H L V F R B R G G D C
Y B C E E S Y S D E O I R O L A E V L
Y R X S C W O I O C F A H K T P S L C
M W Q D X T Y F J M E X C O W B M J U
R Q K K A O S Q G U M L O G T V H V I
U K V N S O Y V N O I E Y E A A S B T
U Y A P S V M E U D X W R D P A M K H
F G N Y T M W G H A W O P F M K O T C
N C T N Y D V L T U Q J T M A N W X A
E W T J C F P H J I E Q E Y O R W I N
J B Q O I E D R Z I G L W S C G B B D
G A V K V O G H E J N J I L Y H T E N
Q M X Y M X H A S U M U S C H E L N O
Y S Y F E R E R L C A O V U X V U D M
K N Q W G L V M G P Y L G H E T C S R
X R Q W J H T N O M N W B N P A T Z E
R D P K U D M Z X Y Q E T R J G P Q M
N W Q V H I M M E L I I L Y U E R Y M
B E E R E N Z E I T L K H L G Z Z M O
T J S L A N G E I A U D J O A V A O S
F F D V B D F N T V L T P A Y U V F C
A B A N M W V O B L Q B G S T C Q A Z
A H R T U Z R D L Q G N T I B R K P L
A H A X J H Q Y H R M G Z A A L C B T
```

16

AZURBLAUER HIMMEL
MUSCHELN SAMMELN
SOMMERMONDNACHT
QUALLENPLAGE
SOMMERFARBE

BEERENZEIT
VENTILATOR
LANGE TAGE
HUNDSTAGE
BRAEUNE

Lösung

```
E  G  A  T  S  D  N  U  H  L  V  F  R  B  R  G  G  D  C
Y  B  C  E  E  S  Y  S  D  E  O  I  R  O  L  A  E  V  L
Y  R  X  S  C  W  O  I  O  C  F  A  H  K  T  P  S  L  C
M  W  Q  D  X  T  Y  F  J  M  E  X  C  O  W  B  M  J  U
R  Q  K  K  A  O  S  Q  G  U  M  L  O  G  T  V  H  V  I
U  K  V  N  S  O  Y  V  N  O  I  E  Y  E  A  A  S  B  T
U  Y  A  P  S  V  M  E  U  D  X  W  R  D  P  A  M  K  H
F  G  N  Y  T  M  W  G  H  A  W  O  P  F  M  K  O  T  C
N  C  T  N  Y  D  V  L  T  U  Q  J  T  M  A  N  W  X  A
E  W  T  J  C  F  P  H  J  I  E  Q  E  Y  O  R  W  I  N
J  B  Q  O  I  E  D  R  Z  I  G  L  W  S  C  G  B  B  D
G  A  V  K  V  O  G  H  E  J  N  J  I  L  Y  H  T  E  N
Q  M  X  Y  M  X  H  A  S  U  M  U  S  C  H  E  L  N  O
Y  S  Y  F  E  R  E  R  L  C  A  O  V  U  X  V  U  D  M
K  N  Q  W  G  L  V  M  G  P  Y  L  G  H  E  T  C  S  R
X  R  Q  W  J  H  T  N  O  M  N  W  B  N  P  A  T  Z  E
R  D  P  K  U  D  M  Z  X  Y  Q  E  T  R  J  G  P  Q  M
N  W  Q  V  H  I  M  M  E  L  I  I  L  Y  U  E  R  Y  M
B  E  E  R  E  N  Z  E  I  T  L  K  H  L  G  Z  Z  M  O
T  J  S  L  A  N  G  E  I  A  U  D  J  O  A  V  A  O  S
F  F  D  V  B  D  F  N  T  V  L  T  P  A  Y  U  V  F  C
A  B  A  N  M  W  V  O  B  L  Q  B  G  S  T  C  Q  A  Z
A  H  R  T  U  Z  R  D  L  Q  G  N  T  I  B  R  K  P  L
A  H  A  X  J  H  Q  Y  H  R  M  G  Z  A  A  L  C  B  T
```

```
R O L N Q M T Y K W U M U P I B L V N
O P A G N T R P W A O U D I D W A U C
M U F L G C N I O P F J I O C C A Z I
I T F U R F H L K L I O J E N J Y S G
J C O F W P L L T J N B A Y Y D L A W
T R V S J X K E E C J T I V F P A U S
J O S U K X D H F F M M S L R Q M Q E
T L T O N Z S P S U P B M Y U R P O K
J R P V M A O P M Y A A C A U U I Z P
K P Y H Q M C O P F B H R U C D O F Y
E T R P V O E V H S G K C E Y G N N C
G O I Z L Q K R O I S G Q S M O S O Y
B P B Q C M Z O H P M Z F N D M F B S
O H W V G K W M E I H G V A U N O P T
S G H U A X U I F Z T T A F T S A S R
Y H O C N E S V Y I K Z G P E B N S A
K I W L M E N K F I E E E M F P I N
R S I E T R U H G O J V P I D F W I D
O N T R I U T I M D G K W S Z M C A K
P V F N R D A F O V G D J S T I T T O
J Y U O V Y H S Q Y N E L B Y R G N R
Y J L P A N R E M M O S L L O V A E B
N E T H C U E L R E T T E W O F N G Y
A U O Z Y K Z S X N C W N U M R F I S
```

17

WETTERLEUCHTEN
SANDSCHAUFEL
SOMMERHITZE
QUARKSPEISE
SOMMERAPFEL

VOLLSOMMER
JOGHURTEIS
STRANDKORB
LAMPIONS
JUNI

Lösung

```
R O L N Q M T Y K W U M U P I B L V N
O P A G N T R P W A O U D I D W A U C
M U F L G C N I O P F J I O C C A Z I
I T F U R F H L K L I O J E N J Y S G
J C O F W P L L T J N B A Y Y D L A W
T R V S J X K E E C J T I V F P A U S
J O S U K X D H F F M M S L R Q M Q E
T L T O N Z S P S U P B M Y U R P O K
J R P V M A O P M Y A A C A U U I Z Y
K P Y H Q M C O P F B H R U C D O F Y
E T R P V O E V H S G K C E Y G N N C
G O I Z L Q K R O I S G Q S M O S O Y
B P B Q C M Z O H P M Z F N D M F B S
O H W V K W M E I H G V A U N O P T
S G H U A X U I F Z T T A F T S A S R
Y H O C N E S V Y I K Z G P E B N S A
K I W L M E N K F I E E E M F P I N
R S I E T R U H G O J V P I D F W I D
O N T R I U T I M D G K W S Z M C A K
P V F N R D A F O V G D J S T I T T O
J Y U O V Y H S Q Y N E L B Y R G N R
Y J L P A N R E M M O S L L O V A E B
N E T H C U E L R E T T E W O F N G Y
A U O Z Y K Z S X N C W N U M R F I S
```

```
K  D  V  S  Z  Q  W  Y  D  L  M  X  Y  D  Q  Y  D  D  C
J  I  N  F  U  J  W  N  Z  C  Z  D  J  U  C  A  T  P  S
G  E  F  A  R  F  T  C  T  M  F  M  C  F  I  J  D  V  G
O  W  G  G  R  P  Y  Q  N  I  C  O  K  S  G  O  K  S  L
E  E  P  I  F  B  L  K  D  W  O  P  C  Z  G  G  R  O  Q
X  M  T  D  Y  V  N  M  V  S  E  R  I  B  E  T  J  M  U
Y  L  N  E  H  C  R  E  M  I  E  D  N  A  S  R  U  M  H
D  B  T  M  W  U  B  U  N  R  T  Q  K  Z  A  O  B  E  E
T  E  B  T  N  U  D  Z  K  N  D  B  C  F  J  C  U  R  S
S  F  Q  C  A  E  V  K  E  A  O  C  I  S  K  K  O  N  O
N  R  U  L  A  U  G  W  E  C  U  S  P  L  C  E  B  A  N
A  F  R  V  N  G  Q  E  A  I  A  V  I  Q  B  N  S  C  N
T  U  Z  Y  Q  Z  Q  E  R  U  Z  M  E  V  H  H  T  H  E
M  B  D  C  F  Q  M  T  K  R  A  O  W  C  H  E  S  T  N
S  X  D  C  V  F  M  W  M  A  E  C  U  H  M  I  A  J  C
B  E  K  B  X  I  N  G  N  A  R  M  R  H  C  T  L  O  R
Y  Y  H  A  T  Y  D  L  X  U  A  Y  M  F  X  B  A  E  E
P  C  K  S  L  Q  A  N  Z  K  Y  N  O  O  E  E  T  N  M
V  E  C  D  Q  G  U  U  M  S  S  Q  Q  O  S  S  C  O  E
I  B  T  W  E  Y  B  S  K  K  N  J  X  D  W  M  J  U  M
O  N  R  L  E  Z  H  R  N  H  H  R  A  J  R  J  A  I  Y
K  Z  O  R  G  Z  Y  Z  Q  B  E  H  W  T  Z  F  F  S  W
U  M  H  Z  G  T  O  D  O  Q  L  Q  I  Y  K  N  Q  A  K
V  Y  L  U  T  C  R  X  Z  V  F  B  A  H  M  U  X  Q  N
```

SANDEIMERCHEN   SOMMERNACHT
KLIMAANLAGE   SONNENBRAND
TROCKENHEIT   OBSTSALAT
SOMMERREGEN   PICKNICK
SONNENCREME   URLAUB

Lösung

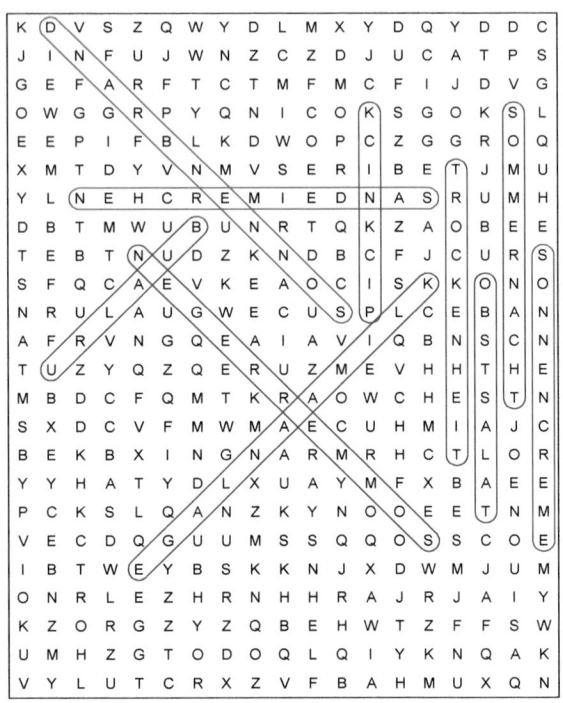

DAS

HERBST

WORTSUCHRÄTSEL BUCH

```
R O K M V X U K P R W I W Q T T A J P
E Y D U Q W H K L C B D W F F I G Y O
U C C J T O G X R D N D O I K Q R V Y
E M M I A E Y Z X H F U K F Y I E J U
F Z Q K S M D O F E V K T L E N L E Y
L P F P H L V W I L Q H O I N U Y F E
E A G O N R D E M L M K B A E A B Q V
F A G F H O L U N D E R E Q H R V I V
F J Q E K D R H E T N W R I C B F A S
O Q T Z G S A S E H V M N U N T P F K
T C F I N Q V Y B R C A N B N S T Q L
R R U M A E N P M I B I G Y E B K P Q
A E L R G Q K E D Y H S N K A R O U V
K S T O R G R R I F L T T A M E H E C
N T S E E U N T A N L C H L R H I O Q
W Q B M I E A J L H A Q U J I K O C Y
M K R H Z O V Q L Y B T E V H E A J Z
C J E A A U O B B L P U S O Z R D R H
H R H X P R O Z R G H M A A Q G Y H B
G G P J S K W N Z O D M R L K M T L Y
L H E H B O I W G C G M E R G D S D Z
G N Q U U X S Z L O D A V C O D L K Y
E X Y Y A I L A H S P C Q R S X V U O
P I L Q L F J M M K N Z O R B N P E A
```

KASTANIEN MAENNCHEN   HERBSTLUFT
LAUBSPAZIERGANG   HERBSTLIED
KARTOFFELFEUER   HOLUNDER
HERBSTBRAUN   KRANICHE
LAUBHARKEN   OKTOBER

Lösung

```
R O K M V X U K P R W I W Q T T A J P
E Y D U Q W H K L C B D W F F I G Y O
U C C J T O G X R D N D O I K Q R V V
E M M I A E Y Z X H F U K F Y I E J U
F Z Q K S M D O F E V K T L E N L E Y
L P F P H L V W I L Q H O I N U Y F E
E A G O N R D E M L M K B A E A B Q V
F A G F H O L U N D E R E Q H R V I V
F J Q E K D R H E T N W R I C B F A S
O Q T Z G S A S E H V M N U N T P F K
T C F I N Q V Y B R C A N B N S T Q L
R R U M A E N P M I B I G Y E B K P Q
A E L R G Q K E D Y H S N K A R O U V
K S T O R G R R I F L T T A M E H E C
N T S E E U N T A N L C H L R H I O Q
W Q B M I E A J L H A Q U J I K O C Y
M K R H Z O V Q L Y B T E V H E A J Z
C J E A A U O B B L P U S O Z R D R H
H R H X P R O Z R G H M A A Q G Y H B
G G P J S K W N Z O D M R L K M T L Y
L H E H B O I W G C G M E R G D S D Z
G N Q U U X S Z L O D A V C O D L K Y
E X Y Y A I L A H S P C Q R S X V U O
P I L Q L F J M M K N Z O R B N P E A
```

```
P D C K T E L R E O G Y L O V H V G Q
H I N P L M G F T I E Z E F I E R J O
E K J M E R P H C M O F G I J I X Q Y
R N Z R W U G V S R U I I R V R E L W
B J M R K N F Y M T N U E S S E G L X
S Q Y E M S Y W P D K D K W D D N F L
T H E R B S T F R E U D E R U S C C E
D L I T U L X A O T K A W N U I R Y P
A A L J J E I A E C N F W O E X M W W
E W H D Y F M A K N M P O D P F I V U
M D C A F C F D O L X N V M J U P X J
M Y U J Y D N N T I C N J P R N F A B
E A R Y C C Q H P Y K U B V P T C G Z
R B E A R K W X O R F Q X E R H D M L
U G G M B B E H D C Q I W O M N N M W
N J Z C Q T C N U K A P Q V X O Q V T
G D L D N E B A T S B R E H F D U I Y
D B I O A Y V R M W H G V P N P H A F
J E P Q O K U B P V Y K K R A E H E R
P E T L S U S Y C H J D C T K G J J M
B R M D W J A S O V O F E E C Q H F L
U E E E I P Y N O J Y A I P W I Q G P
R N V T F L M I C B G T T M D M K Q H
H J I O N J G H B H P K Z C H Y K D V
```

HERBSTDAEMMERUNG   NUESSE
HERBSTFREUDE   BEEREN
HERBSTABEND   KRAEHE
PILZGERUCH   ZAPFEN
REIFEZEIT   IGEL

```
P  D  C  K  T  E  L  R  E  O  G  Y  L  O  V  H  V  G  Q
H  I  N  P  L  M  G  F  T  I  E  Z  E  F  I  E  R  J  O
E  K  J  M  E  R  P  H  C  M  O  F  G  I  J  I  X  Q  Y
R  N  Z  R  W  U  G  V  S  R  U  I  I  R  V  R  E  L  W
B  J  M  R  K  N  F  Y  M  T  N  U  E  S  S  E  G  L  X
S  Q  Y  E  M  S  Y  W  P  D  K  D  K  W  D  D  N  F  L
T  H  E  R  B  S  T  F  R  E  U  D  E  R  U  S  C  C  E
D  L  I  T  U  L  X  A  O  T  K  A  W  N  U  I  R  Y  P
A  A  L  J  J  E  I  A  E  C  N  F  W  O  E  X  M  W  W
E  W  H  D  Y  F  M  A  K  N  M  P  O  D  P  F  I  V  U
M  D  C  A  F  C  F  D  O  L  X  N  V  M  J  U  P  X  J
M  Y  U  J  Y  D  N  N  T  I  C  N  J  P  R  N  F  A  B
E  A  R  Y  C  C  Q  H  P  Y  K  U  B  V  P  T  C  G  Z
R  B  E  A  R  K  W  X  O  R  F  Q  X  E  R  H  D  M  L
U  G  G  M  B  B  E  H  D  C  Q  I  W  O  M  N  M  W
N  J  Z  C  Q  T  C  N  U  K  A  P  Q  V  X  O  Q  V  T
G  D  L  D  N  E  B  A  T  S  B  R  E  H  F  D  U  I  Y
D  B  I  O  A  Y  V  R  M  W  H  G  V  P  N  P  H  A  F
J  E  P  Q  O  K  U  B  P  V  Y  K  K  R  A  E  H  E  R
P  E  T  L  S  U  S  Y  C  H  J  D  C  T  K  G  J  J  M
B  R  M  D  W  J  A  S  O  V  O  F  E  E  C  Q  H  F  L
U  E  E  I  P  Y  N  O  J  Y  A  I  P  W  I  Q  G  P
R  N  V  T  F  L  M  I  C  B  G  T  T  M  D  M  K  Q  H
H  J  I  O  N  J  G  H  B  H  P  K  Z  C  H  Y  K  D  V
```

```
V H A I V E M G F R R A Q B R L D A Y
Z G K Q H E V J E T E V V I A H P F W
O M T C F S T T H J B A M W D E A A M
S M B U H B A Z T F U D T S B R E H P
S X K P N G B J B V A W S I W B A Z T
D C N E B E L T A G Z I X H Q S W Y M
Y O H F B N N N B H T N G E K T R X S
T X P W G H X D D E S D Y J E H S R M
O U I G A B Y S U R B Z I R C I Q I L
E B L Q Y L F F M B R E L M D M R C X
D V Z Z T P B E Y S E R A M T M O X F
U U E F O N S E N T H Z N U V E S Y Z
Y E A N S U U O N R T A O Z Q L U L Y
T R U X F L G Z Z O E U X L O D W N Y
Q A A S Y N U A C E A S Y D S I K D Q
E B A L J S R N N T P T C J X T K E Q
O E V J W Y W C O E S A R F G B F M F
G N U R E T T I W T S B R E H M B D J
N L M B B N S E G D U E T X C K D V I
L J N O I M Q I Q O D R Q C S S Q L T
S I R Q W A H U Z I K G P K H V R P P
H Q A O Y W R A S C T B H R X R F L T
A Z W R L P T R K E F C Y C O I W O I
K J K Z X F V B Q Z J V B A R Q K L S
```

SPAETHERBSTZAUBER   HERBSTDUFT
HERBSTWITTERUNG   SCHWALBEN
WINDZERZAUST   NEBELTAG
HERBSTHIMMEL   PILZE
HERBSTROETE   RABEN

Lösung

V	H	A	I	V	E	M	G	F	R	R	A	Q	B	R	L	D	A	Y
Z	G	K	Q	H	E	V	J	E	T	E	V	V	I	A	H	P	F	W
O	M	T	C	F	S	T	T	H	J	B	A	M	W	D	E	A	A	M
S	M	B	U	H	B	A	Z	T	F	U	D	T	S	B	R	E	H	P
S	X	K	P	N	G	B	J	B	V	A	W	S	I	W	B	A	Z	T
D	C	N	E	B	E	L	T	A	G	Z	I	X	H	Q	S	W	Y	M
Y	O	H	F	B	N	N	N	B	H	T	N	G	E	K	T	R	X	S
T	X	P	W	G	H	X	D	D	E	S	D	Y	J	E	H	S	R	M
O	U	I	G	A	B	Y	S	U	R	B	Z	I	R	C	I	Q	I	L
E	B	L	Q	Y	L	F	F	M	B	R	E	L	M	D	M	R	C	X
D	V	Z	Z	T	P	B	E	Y	S	E	R	A	M	T	M	O	X	F
U	U	E	F	O	N	S	E	N	T	H	Z	N	U	V	E	S	Y	Z
Y	E	A	N	S	U	U	O	N	R	T	A	O	Z	Q	L	U	L	Y
T	R	U	X	F	L	G	Z	Z	O	E	U	X	L	O	D	W	N	Y
Q	A	A	S	Y	N	U	A	C	E	A	S	Y	D	S	I	K	D	Q
E	B	A	L	J	S	R	N	N	T	P	T	C	J	X	T	K	E	Q
O	E	V	J	W	Y	W	C	O	E	S	A	R	F	G	B	F	M	F
G	N	U	R	E	T	T	I	W	T	S	B	R	E	H	M	B	D	J
N	L	M	B	B	N	S	E	G	D	U	E	T	X	C	K	D	V	I
L	J	N	O	I	M	Q	I	Q	O	D	R	Q	C	S	S	Q	L	T
S	I	R	Q	W	A	H	U	Z	I	K	G	P	K	H	V	R	P	P
H	Q	A	O	Y	W	R	A	S	C	T	B	H	R	X	R	F	L	T
A	Z	W	R	L	P	T	R	K	E	F	C	Y	C	O	I	W	O	I
K	J	K	Z	X	F	V	B	Q	Z	J	V	B	A	R	Q	K	L	S

```
A I M B Z X Z W V P P L T R T S H F C
L W Y E L C N W L S K O B P S V O P H
F M D M L S C U H J H G E P O S S G R
B I X A B T Q X T C J T A U R D F S J
Z U N G N U R E M M E A D Z F G T F Q
S I B O W V E B I F B N S S L U C V X
G Q O B I U B T I E H L E K N U D Q S
Q R E U A H C S T S B R E H F N A N T
R N P K J H D R X N E Q T Y E P X J B
I B K Q G V K R N E V L M B N Y O V Y
O S J R J V V R O H G J E H S L O L M
Y I G P W Y R G U W H L S U I R A H H
U A X G S Q Y N U T D A Z X Y Z D W G
A G R P T U D R K U Y N X M W M R W D
W W W N Z Y T Q N P U D J U F E O N B
A Z F M P M Q S T F U Q U U T T I R L
A S T E R N T Z W I Y V Z T M W G E G
B W N K B O N P O X R N E C T F N L W
I M G I B G T E M A U A E S Q L V Z H
R E G E N G U S S M L H B I G W D V O
P F L A U M E N M B X R B A F I Q Q J
X B M D H M E J F Y E I L X E I I Q I
L J E T N U B Y J H G I V O W C H C G
F U I Z A O X G G F G S M K M G D N B
```

BUNTE BLAETTER
HERBSTSCHAUER
DAEMMERUNG
NEBELDUNST
DUNKELHEIT

HERBSTWIND
REGENGUSS
PFLAUMEN
ASTERN
FROST

Lösung

A	I	M	B	Z	X	Z	W	V	P	P	L	T	R	T	S	H	F	C
L	W	Y	E	L	C	N	W	L	S	K	O	B	P	S	V	O	P	H
F	M	D	M	L	S	C	U	H	J	H	G	E	P	O	S	S	G	R
B	I	X	A	B	T	Q	X	T	C	J	T	A	U	R	D	F	S	J
Z	U	N	G	N	U	R	E	M	M	E	A	D	Z	F	G	T	F	Q
S	I	B	O	W	V	E	B	I	F	B	N	S	S	L	U	C	V	X
G	Q	O	B	I	U	B	T	I	E	H	L	E	K	N	U	D	Q	S
Q	R	E	U	A	H	C	S	T	S	B	R	E	H	F	N	A	N	T
R	N	P	K	J	H	D	R	X	N	E	Q	T	Y	E	P	X	J	B
I	B	K	Q	G	V	K	R	N	E	V	L	M	B	N	Y	O	V	Y
O	S	J	R	J	V	R	O	H	G	J	E	H	S	L	O	L	M	
Y	I	G	P	W	R	G	U	W	H	U	S	U	I	R	A	H	H	
U	A	X	G	S	Q	Y	N	U	T	D	A	Z	X	Y	Z	D	W	G
A	G	R	P	T	U	D	R	K	U	Y	N	X	M	W	M	R	W	D
W	W	W	N	Z	Y	T	Q	N	P	U	D	J	U	F	E	O	N	B
A	Z	F	M	P	M	Q	S	T	F	U	Q	U	U	T	T	I	R	L
A	S	T	E	R	N	T	Z	W	I	Y	V	Z	T	M	W	G	E	G
B	W	N	K	B	O	N	P	O	X	R	N	E	C	T	F	N	L	W
I	M	G	I	B	G	T	E	M	A	U	A	E	S	Q	L	V	Z	H
R	E	G	E	N	G	U	S	S	M	L	H	B	I	G	W	D	V	O
P	F	L	A	U	M	E	N	M	B	X	R	B	A	F	I	Q	Q	J
X	B	M	D	H	M	E	J	F	Y	E	I	L	X	E	I	I	Q	I
L	J	E	T	N	U	B	Y	J	H	G	I	V	O	W	C	H	C	G
F	U	I	Z	A	O	X	G	G	F	G	S	M	K	M	G	D	N	B

```
Z H Q R V L N W N C Y K X Z K Q D F Y
L V Q J W I H D I G F F F M W O L Z P
O O H T Z C S N T W W G Z U S E S K V
D A B K B D H W V H B X H U I H L D U
G W A F G V N W P M O E I Q D F H E F
F T A P K S J M H S R V O H L V B B F
B L S T T Z K W W B C H A H J K K W T
Z Q X E K C D G S Z S Y O A W E M F R
Z V D O F J M T W I X K V M T B H H E
F X B R G T T A W T O G L V G F H U T
B H Q Y A E S L C T J M O M N L I N T
U M U P X C A B M F M E L B V H F N E
A R U T E T H V R X S T J J U I U L A
L W E L E Z R E J E N T G X B W A F L
Z H B R A V M X N E H S Q S X M N I B
B A N X Y C N M G S A W M T P P U C E
B E N O A N R E W N T A P I M T S F B
Y S P H J K R G J M O E N J I E F M T
M H U H N T L L U T E O I T X B M W N
I H N R S I O K I M N H R G Z D R B U
U L F B L Y C D U S F U E F E Z Q A B
I A R X L I O E E C Q C T L E N D N G
H E Z C V C A R P Q T R Q Q S I S Z I
H W Z T N B S V J B I L W W I O K D F
```

 **5**

Lösung

```
Z H Q R V L N W N C Y K X Z K Q D F Y
L V Q J W I H D I G F F F M W O L Z P
O O H T Z C S N T W W G Z U S E S K V
D A B K B D H W V H B X H U I H L D U
G W A F G V N W P M O E I Q D F H E F
F T A P K S J M H S R V O H L V B B F
B L S T T Z K W W B C H A H J K K W T
Z Q X E K C D G S Z S Y O A W E M F R
Z V D O F J M T W I X K V M T B H H E
F X B R G T T A W T O G L V G F H U T
B H Q Y A E S L C T J M O M N L I N T
U M U P X C A B M F M E L B V H F N E
A R U T E T H V R X S T J J U I U L A
L W E L E Z R E J E N T G X B W A F L
Z H B R A V M X N E H S Q S X M N I B
B A N X Y C N M G S A W M T P P U C E
B E N O A N R E W N T A P I M T S F B
Y S P H J K R G J M O E N J I E F M T
M H U H N T L L U T E O I T X B M W N
I H N R S I O K I M N H R G Z D R B U
U L F B L Y C D U S F U E F E Z Q A B
I A R X L I O E E C Q C T L E N D N G
H E Z C V C A R P Q T R Q Q S I S Z I
H W Z T N B S V J B I L W W I O K D F
```

```
S  M  C  R  O  W  F  D  V  H  W  S  P  C  S  H  Y  W  S
U  O  Q  E  P  Y  E  S  J  Z  A  R  H  D  S  P  L  H  L
B  F  F  W  A  E  R  O  B  R  Z  E  B  C  V  Z  A  U  Y
U  D  O  G  W  Q  X  N  G  L  S  S  L  G  O  P  L  O  X
J  H  M  W  I  E  W  T  L  D  L  A  A  C  A  Y  Z  D  K
H  C  L  I  M  T  S  B  R  E  H  N  E  J  T  J  O  X  P
Y  N  H  K  F  B  N  X  B  T  S  T  T  L  W  M  A  O  A
F  E  R  P  R  H  E  R  B  S  T  S  T  U  R  M  L  E  J
W  X  Q  E  G  U  B  D  N  A  L  P  E  U  M  L  D  E  R
D  K  H  R  W  C  X  X  T  E  E  G  R  L  N  P  T  T  V
G  G  E  T  H  C  U  E  F  T  S  B  R  E  H  S  I  N  M
K  W  X  C  N  N  T  I  T  E  R  H  A  S  Y  R  W  Z  M
C  Z  B  X  S  A  P  F  E  L  B  A  U  M  W  I  E  S  E
F  E  L  D  E  R  A  Y  U  Y  Y  I  S  G  C  U  F  U  D
M  K  U  Z  U  G  V  O  E  G  E  L  C  L  Q  P  W  E  R
A  F  O  A  P  F  B  D  J  D  W  R  H  A  S  E  E  R  W
N  E  R  E  E  B  M  O  R  B  E  X  E  B  K  Y  W  J  W
E  T  L  E  A  K  T  S  B  R  E  H  N  V  Q  K  H  R  I
Q  H  X  Y  B  F  D  X  B  W  K  K  K  T  S  V  H  V  V
D  E  B  A  J  Z  S  Z  M  J  B  V  D  K  C  B  X  X  V
S  T  M  R  L  F  L  E  Z  N  U  F  O  J  L  B  E  Y  T
F  T  N  X  D  P  V  Y  N  F  K  J  Q  O  A  D  X  P  I
D  I  Q  X  V  M  Z  Z  B  U  V  N  I  K  U  F  C  U  I
A  I  Q  S  X  M  R  Q  O  G  D  J  Y  P  E  F  J  I  C
```

 **6**

BLAETTERRAUSCHEN
APFELBAUMWIESE
HERBSTFEUCHTE
HERBSTKAELTE
HERBSTSTURM

HERBSTMILCH
HERBSTGRAS
BROMBEEREN
ZUGVOEGEL
FELDER

Lösung

```
S M C R O W F D V H W S P C S H Y W S
U O Q E P Y E S J Z A R H D S P L H L
B F F W A E R O B R Z E B C V Z A U Y
U D O G W Q X N G L S S L G O P L O X
J H M W I E W T L D L A A C A Y Z D K
H C L I M T S B R E H N E J T J O X P
Y N H K F B N X B T S T T L W M A O A
F E R P R H E R B S T S T U R M L E J
W X Q E G U B D N A L P E U M L D E R
D K H R W C X X T E E G R L N P T T V
G G E T H C U E F T S B R E H S I N M
K W X C N N T I T E R H A S Y R W Z M
C Z B X S A P F E L B A U M W I E S E
F E L D E R A Y U Y Y I S G C U F U D
M K U Z U G V O E G E L C L Q P W E R
A F O A P F B D J D W R H A S E E R W
N E R E E B M O R B E X E B K Y W J W
E T L E A K T S B R E H N V Q K H R I
Q H X Y B F D X B W K K K T S H V V V
D E B A J Z S Z M J B O D K C B X X V
S T M R L F L E Z N U F O J L B E Y T
F T N X D P V Y N F K J Q O A D X P I
D I Q X V M Z Z B U V N I K U F C U I
A I Q S X M R Q O G D J Y P E F J I C
```

```
L Z N H E R B S T W A N D E R N H A Y
N C Z Y L W J W Y L T O V I Z T E W Q
B U A L T S B R E H T E A P S P R E W
H E R B S T L A N D S C H A F T B H O
W H L K L Q O F R H U U P Q S K S C D
L P G L E K W A Z C T J L O P U T R Q
V W E B M G N P E N S O E O X V G E N
Z A W H M E F A N M R E Y A H V E O H
G J F J I F V K X B W P F D S Y F T M
S F D N H Z Z A Q N E K L O W A U S E
R O N M R K R L I J O H X A I L E W B
U M N F E U O J T V K K O Z N L H Z R
F P O U T W O G L O W C C Z D E L B I
F L O U T V Q D W V K S B G U R Y D F
T G R N E E C U Y F Q V I H A H L K J
T Y F C A I A C G N Q K R U N E N W C
U X C E L Z A P D B U F C H H I P Z P
K C I S B U U N O J I R L V G L D J B
O Y U H N V D W Y Z T V U S A G H Y J
T I N T B K O S Y E T L L O U E C S I
I H C R P T W D J U E F F E Z N U U X
X Q H R T Y O V J F N S E G M W W F C
F U V A F L W D N X T R D C P Q Z C R
M N M V F R X P B J G P G B S K Y M R
```

HERBSTLANDSCHAFT
SPAETHERBSTLAUB
BLAETTERHIMMEL
HERBSTWANDERN
HERBSTGEFUEHL

ALLERHEILGEN
STOERCHE
QUITTEN
WOLKEN
WIND

```
L Z N H E R B S T W A N D E R N H A Y
N C Z Y L W J W Y L T O V I Z T E W Q
B U A L T S B R E H T E A P S P R E W
H E R B S T L A N D S C H A F T B H O
W H L K L Q O F R H U U P Q S K S C D
L P G L E K W A Z C T J L O P U T R Q
V W E B M G N P E N S O E O X V G E N
Z A W H M E F A N M R E Y A H V E O H
G J F J I F V K X B W P F D S Y F T M
S F D N H Z Z A Q N E K L O W A U S E
R O N M R K R L I J O H X A I L E W B
U M N F E U O J T V K K O Z N L H Z R
F P O U T W O G L O W C C Z D E L B I
F L O U T V Q D W V K S B G U R Y D F
T G R N E E C U Y F Q V I H A H L K J
T Y F C A I A C G N Q K R U N E N W C
U X C E L Z A P D B U F C H H I P Z P
K C I S B U U N O J I R L V G L D X B
O Y U H N V D W Y Z T V U S A G H Y J
T I N T B K O S Y E T L L O U E C S I
I H C R P T W D J U E F F E Z N U U X
X Q H R T Y O V J F N S E G M W W F C
F U V A F L W D N X T R D C P Q Z C R
M N M V F R X P B J G P G B S K Y M R
```

```
H  E  R  B  S  T  F  R  U  E  C  H  T  E  R  D  I  R  B
H  E  R  B  S  T  B  E  G  I  N  N  Q  J  F  E  V  F  G
I  K  Z  S  B  D  L  Z  W  Z  T  K  I  W  A  U  U  U  D
U  L  Y  R  E  M  Y  X  O  I  G  W  V  N  Q  Y  E  R  B
D  I  Y  P  K  P  U  W  W  I  C  L  O  H  I  X  E  P  W
O  O  H  R  J  P  W  T  I  B  R  G  P  C  S  K  B  D  A
E  O  F  A  L  A  F  S  T  F  G  F  U  U  K  Z  H  B  N
Q  N  P  E  B  W  H  E  V  U  A  Y  T  Z  O  J  T  V  V
H  H  S  G  Z  A  E  F  O  T  T  B  V  K  L  Y  I  Z  K
E  H  W  U  S  M  R  K  B  T  T  P  O  A  E  E  L  I  F
R  Q  X  Q  S  W  B  N  R  A  S  V  O  W  R  N  G  D  C
B  L  X  N  F  P  S  A  Y  L  B  S  H  B  K  P  F  O  Z
S  R  Y  S  F  G  T  D  N  B  R  K  H  R  K  F  C  T  V
T  S  U  B  B  C  B  E  E  T  E  F  B  T  U  F  F  A  P
G  Q  L  J  C  K  L  T  Y  S  H  A  J  D  K  U  L  Q  R
E  B  D  H  F  K  A  N  K  B  D  O  Y  Y  D  Z  N  U  P
D  H  V  J  E  R  T  R  Q  A  U  B  T  L  N  A  G
I  X  A  S  V  C  T  E  A  E  N  Y  U  H  Q  Y  Z  P  D
C  I  P  F  R  X  U  Q  F  H  F  A  F  T  Y  P  K  Y  Z
H  T  D  Q  I  Q  A  G  J  T  L  Z  Z  Q  Q  Z  F  J  X
T  H  S  S  U  N  L  A  W  E  R  Q  B  G  X  O  A  J  X
E  U  Q  K  X  A  Y  O  W  A  A  E  L  I  D  F  L  F  N
D  Z  H  I  S  C  P  G  J  P  O  O  I  Z  V  I  H  M  Q
S  S  D  H  D  K  I  Y  N  S  W  H  T  K  G  S  G  B  G
```

SPAETHERBSTBLATT   HERBSTBLATT

HERBSTGEDICHTE   HERBSTTAG

HERBSTFRUECHTE   VOGELZUG

ERNTEDANKFEST   LAUBDUFT

HERBSTBEGINN   WALNUSS

Lösung

```
H E R B S T F R U E C H T E R D I R B
H E R B S T B E G I N N Q J F E V F G
I K Z S B D L Z W Z T K I W A U U U D
U L Y R E M Y X O I G W V N Q Y E R B
D I Y P K P U W W I C L O H I X E P W
O O H R J P W T I B R G P C S K B D A
E O F A L A F S T F G F U U K Z H A N
Q N P E B W H E V U A Y T Z O J T V V
H H S G Z A E F O T T B V K L Y I Z K
E H W U S M R K B T T P O A E E L I F
R Q X Q S W B N R A S V O W R N G D C
B L X N F P S A Y L B S H B K P F O Z
S R Y S F G T D N B R K H R K F C T V
T S U B B C B E E T E F B T U F F A P
G Q L J C K L T Y S H A J D K U L Q R
E B D H F K A N K B D O Y Y D Z N U P
D H V J E R T R T R Q A U B T L N A G
I X A S V C T E A E N Y U H Q Y Z P D
C I P F R X U Q F H F A F T Y P K Y Z
H T D Q I Q A G J T L Z Z Q Q Z F J X
T H S S U N L A W E R Q B G X O A J X
E U Q K X A Y O W A A E L I D F L F N
D Z H I S C P G J P O O I Z V I H M Q
S S D H D K I Y N S W H T K G S G B G
```

```
I E P R Y F F T Y N H I S R Q X L W O
H B B O O Y W C D F F U J X B S R Z K
Q X X J T E U Z O Z Y M F D A U Y J U
J A A K R E G E N G R O F S J C F M G
I C Y M A R T I N S Z U G D B K H A U
O H G L W U H T H X O D O A V N O J Z
A X F D G G E F B E K A E X P M H D M
A U W E G F B U G N R K A H A T L L U
P J A K F K R D Q E L B X Z L Z S C N
V H L H V M A R G G E T S P W V V Z E
I B C O T C F E J E I S L T X Y L A N
T N W O P N T T S R C O L P L T T M R
B U V C I I S T A T H R L L V I B L E
D L X H T Q B E O T H F K A K C C Q T
M T K G D R R A A A O T Y Z R Z W H A
M A O I B S E L N L E S O X N N X A L
K F R A H M H B J B R B M A I L A Z E
H S K W P Y I X J O N R C M K X A Y R
V B Y U L M I F E P C E G P K M M G X
E E J F T H O O I I H H Q Y L V Y K M
F W P D H D L L E V E B L M E W C O C
F B X G S O G T C G N B B G E C Y V Z
X A N A J L W X H J E K N A P I F N W
P Q B C R E S N E A G D L I W D M Z T
```

LATERNENUMZUG   WILDGAENSE
EICHHOERNCHEN   MARTINSZUG
BLAETTERDUFT   BLATTREGEN
HERBSTFROST   HERBSTLICH
HERBSTFARBE   REGEN

Lösung

```
I  E  P  R  Y  F  F  T  Y  N  H  I  S  R  Q  X  L  W  O
H  B  B  O  O  Y  W  C  D  F  F  U  J  X  B  S  R  Z  K
Q  X  X  J  T  E  U  Z  O  Z  Y  M  F  D  A  U  Y  J  U
J  A  A  K  R  E  G  E  N  G  R  O  F  S  J  C  F  M  G
I  C  Y  M  A  R  T  I  N  S  Z  U  G  D  B  K  H  A  U
O  H  G  L  W  U  H  T  H  X  O  D  O  A  V  N  O  J  Z
A  X  F  D  G  G  E  F  B  E  K  A  E  X  P  M  H  D  M
A  U  W  E  G  F  B  U  G  N  R  K  A  H  A  T  L  L  U
P  J  A  K  F  K  R  D  Q  E  L  B  X  Z  L  Z  S  C  N
V  H  L  H  V  M  A  R  G  G  E  T  S  P  W  V  V  Z  E
I  B  C  O  T  C  F  E  J  E  I  S  L  T  X  Y  L  A  N
T  N  W  O  P  N  T  T  S  R  C  O  L  P  L  T  T  M  R
B  U  V  C  I  I  S  T  A  T  H  R  L  L  V  I  B  L  E
D  L  X  H  T  Q  B  E  O  T  H  F  K  A  K  C  C  Q  T
M  T  K  G  D  R  R  A  A  A  O  T  Y  Z  R  Z  W  H  A
M  A  O  I  B  S  E  L  N  L  E  S  O  X  N  N  X  A  L
K  F  R  A  H  M  H  B  J  B  R  B  M  A  I  L  A  Z  E
H  S  K  W  P  Y  I  X  J  O  N  R  C  M  K  X  A  Y  R
V  B  Y  U  L  M  I  F  E  P  C  E  G  K  M  M  G  X
E  E  J  F  T  H  O  O  I  I  H  Q  H  Y  V  Y  K  M
F  W  P  D  H  D  L  L  E  V  E  B  L  M  E  W  C  O  C
F  B  X  G  S  O  G  T  C  G  N  B  B  G  E  C  Y  V  Z
X  A  N  A  J  L  W  X  H  J  E  K  N  A  P  I  F  N  W
P  Q  B  C  R  E  S  N  E  A  G  D  L  I  W  D  M  Z  T
```

```
G T C O T K U E R B I S S E B F N A F
K N N F B H E R B S T Z E I T M U A M
H C U N R H I O T X I W G O M B Q L R
E R M M P V B J W X J G W E A N J H D
R U B U M A H M K I C M N X I Q X X L
B K Z G M I P N A Y L S C J S E N T F
S T S E E V T S B A Y F H S H L W E X J
T Z T S O Q O S U A J X C L A X H U K
F P T J B Z D B T G R I G O B C C U N
L N T D V V W W H S L V M G Y K S L R
A V S N W I A U A D B S G G R A U L E
M X E M R L R P S T O R O Y I L E X K
M Z W B T K C O S N B N E H N V A A C
E I E L R C A U N F N W K H T C H T E
N L W G X X W E K R V I K H H A L H H
N X W I G A N Y V U W U P M I Z E G C
Z U Z H I B X G P E H A J O Z G G G U
O P Q R L U F A L C T U Y C P Q O B B
M O M U I O B X Y H X J J O Y M V N K
Q C M K X W R A W T I N T G M M U V J
D E D Q N S F V Y E X W T L E K H V K
F F W T F T E D V T Q I P W B G L U L
B Z W C F K T I O E B T S X V N H Z H
Q C R J O U U M A E O O Q D C Z N W C
```

HERBSTSTIMMUNG

VOGELHAEUSCHEN

HERBSTFLAMMEN

MAISLABYRINTH

LAUBWIRBELN

SONNENBLUME

FRUECHTETEE

BUCHECKERN

HERBSTZEIT

KUERBISSE

```
G T C O T K U E R B I S S E B F N A F
K N N F B H E R B S T Z E I T M U A M
H C U N R H I O T X I W G O M B Q L R
E R M M P V B J W X J G W E A N J H D
R U B U M A H M K I C M N X I Q X X L
B K Z G M I P N A Y L S C J S E N T F
S T S E E V T S B A Y F H S L W E X J
T Z T S O Q O S U A J X C L A X H U K
F P T J B Z D B T G R I G O B C C U N
L N T D V V W W H S L V M G Y K S L R
A V S N W I A U A D B S G G R A U L E
M X E M R L R P S T O R O Y I L E X K
M Z W B T K C O S N B N E H N V A A C
E I E L R C A U N F N W K H T C H T E
N L W G X X W E K R V I K H H A L H H
N X W I G A N Y V U W U P M I Z E G C
Z U Z H I B X G P E H A J O Z G G G U
O P Q R L U F A L C T U Y C P Q O B B
M O M U I O B X Y H X J J O Y M V N K
Q C M K X W R A W T I N T G M M U V J
D E D Q N S F V Y E X W T L E K H V K
F F W T F T E D V T Q I P W B G L U L
B Z W C F K T I O E B T S X V N H Z H
Q C R J O U U M A E O O Q D C Z N W C
```

R	I	T	M	F	L	U	X	Q	H	K	V	W	B	T	B	P	E	P
C	Y	E	T	N	R	E	W	G	C	R	K	W	Y	J	W	C	V	Y
Q	T	H	L	U	X	V	Z	S	M	P	G	S	X	N	N	T	R	Q
P	W	O	T	M	D	M	N	D	S	M	Y	W	J	T	W	O	B	P
D	J	E	S	M	Y	T	Q	Z	J	G	N	U	S	N	H	H	V	D
J	Q	E	G	C	Q	M	F	J	M	U	A	B	N	R	I	B	B	R
W	L	B	M	A	O	O	D	E	K	S	K	K	I	G	C	Q	U	H
B	N	P	N	K	T	P	A	C	Y	V	U	I	I	U	B	F	L	V
Y	O	B	E	W	R	R	R	M	D	M	Q	T	P	O	H	F	K	V
I	I	S	N	A	P	S	E	Z	R	E	B	M	E	T	P	E	S	R
M	T	O	O	A	F	J	W	B	A	S	P	W	Z	R	E	S	A	W
R	A	Z	M	L	C	B	Q	S	M	G	S	G	I	G	C	U	G	S
Z	R	K	E	L	K	M	A	R	C	E	N	O	C	C	R	F	L	F
Z	O	E	N	E	Q	P	R	F	U	I	V	Q	T	E	M	J	B	I
H	K	D	A	R	C	U	I	E	W	Y	F	O	I	S	X	G	S	T
K	E	P	T	S	O	Q	F	Q	O	J	D	F	N	H	D	V	S	Q
G	D	U	S	E	E	Q	E	V	W	V	S	O	S	M	E	N	K	B
W	T	G	B	E	R	C	N	E	I	I	T	D	E	B	J	O	I	V
Z	S	F	R	L	A	L	S	P	A	E	T	H	E	R	B	S	T	W
H	B	R	E	E	M	Z	W	O	M	B	R	Q	H	H	N	C	C	D
I	R	E	H	N	T	G	T	O	L	Y	F	T	E	Z	K	L	Y	E
Z	E	C	C	C	X	M	U	C	S	C	T	T	L	V	C	X	H	H
Y	H	I	E	S	N	P	U	P	S	F	H	H	A	G	X	Q	O	R
X	M	M	Y	C	R	I	N	W	M	N	R	S	G	O	K	C	H	H

11

HERBSTDEKORATION

HERBSTANEMONEN

NOVEMBERTAGE

SPAETHERBST

ALLERSEELEN

WINDSTOSS

SEPTEMBER

BIRNBAUM

RAUREIF

ERNTE

Lösung

```
R I T M F L U X Q H K V W B T B P E P
C Y E T N R E W G C R K W Y J W C V Y
Q T H L U X V Z S M P G S X N N T R Q
P W O T M D M N D S M Y W J T W O B P
D J E S M Y T Q Z J G N U S N H H V D
J Q E G C Q M F J M U A B N R I B B R
W L B M A O O D E K S K K I G C Q U H
B N P N K T P A C Y V U I I U B F L V
Y O B E W R R R M D M Q T P O H F K V
I I S N A P S E Z R E B M E T P E S R
M T O O A F J W B A S P W Z R E S A W
R A Z M L C B Q S M G S G I G C U G S
Z R K E L K M A R C E N O C C R F L F
Z O E N E Q P R F U I V Q T E M J B I
H K D A R C U I E W Y F O I S X G S T
K E P T S O Q F Q O J D F N H D V S Q
G D U S E E Q E V W V S O S M E N K B
W T G B E R C N E I I T D E B J O I V
Z S F R L A L S P A E T H E R B S T W
H B R E E M Z W O M B R Q H H N C C D
I R E H N T G T O L Y F T E Z K L Y E
Z E C C C X M U C S C T T L V C X H H
Y H I E S N P U P S F H H A G X Q O R
X M M Y C R I N W M N R S G O K C H H
```

```
R  U  H  S  E  A  Z  K  V  L  K  O  V  S  T  F  N  K  H
N  P  D  V  R  K  Q  X  Q  Q  E  L  Z  X  I  Y  R  D  Z
D  N  E  S  U  A  R  B  M  R  U  T  S  H  C  S  E  A  K
J  U  O  I  V  O  G  H  T  G  E  E  C  C  N  X  I  U  D
Q  J  W  P  P  S  F  L  E  M  O  X  A  I  E  J  K  A  Q
N  M  V  N  U  A  D  X  F  R  T  R  C  P  E  U  O  B  M
Q  L  S  S  H  C  E  K  F  M  B  R  B  B  O  W  X  F  U
N  L  I  H  I  W  T  N  L  E  P  S  M  V  B  O  O  R  H
R  Z  J  S  E  W  O  D  N  T  N  T  T  I  S  Z  S  M  W
R  U  J  T  R  R  U  S  B  O  Q  Q  G  N  L  D  N  K  N
T  D  N  D  C  T  B  C  Q  R  S  M  B  G  E  K  Q  Q  C
S  Q  A  N  D  P  L  S  V  T  I  T  N  S  Z  B  V  J  A
F  N  V  H  M  P  K  X  T  P  N  E  S  W  F  S  E  H  O
A  L  D  K  I  P  O  R  X  N  I  R  E  B  C  F  E  L  I
I  Q  N  R  Q  K  O  H  U  R  A  W  A  D  R  O  B  Z  P
H  Q  S  R  F  L  Y  Y  E  I  N  E  D  L  P  E  O  N  E
R  H  M  S  O  O  P  F  U  N  F  W  S  G  K  V  H  M  U
R  R  O  G  L  S  T  I  R  A  Z  S  X  S  H  A  P  L  O
Q  O  U  E  W  S  T  W  F  Y  S  N  Y  C  E  N  E  P  H
Z  P  B  E  B  H  R  E  T  T  E  W  N  U  T  U  S  Q  M
O  E  D  R  B  I  U  S  I  F  I  S  J  T  V  L  E  Y  T
N  U  E  T  J  E  W  T  C  H  A  G  E  B  U  T  T  E  N
W  H  Y  C  F  P  N  O  I  W  U  Q  C  E  X  Q  R  U  Q
W  P  F  F  D  C  B  R  P  O  Y  N  T  L  E  E  A  K  Q
```

12

STURMBRAUSEND   HAGEBUTTEN

HERBSTNAESSE   UNWETTER

HERBSTFERIEN   RUEBEN

HERBSTSONNE   NEBEL

HERBSTNEBEL   MAIS

```
R U H S E A Z K V L K O V S T F N K H
N P D V R K Q X Q Q E L Z X I Y R D Z
D N E S U A R B M R U T S H C S E A K
J U O I V O G H T G E E C C N X I U D
Q J W P P S F L E M O X A I E J K A Q
N M V N U A D X F R T R C P E U O B M
Q L S S H C E K F M B R B B O W X F U
N L I H W T N L E P S M V B O O R H
R Z J S E W O D N T N T T I S Z S M W
R U J T R R U S B O Q Q G N L D N K N
T D N D C T B C Q R S M B G E K Q Q C
S Q A N D P L S V T I T N S Z B V J A
F N V H M P K X T P N E S W F S E H O
A L D K I P O R X N I R E B C F E L I
I Q N R Q K O H U R A W A D R O B Z P
H Q S R F L Y Y E I N E D L P E O N E
R H M S O O P F U N F W S G K V H M U
R R O G L S T I R A Z S X S H A P L O
Q O U E W S T W F Y S N Y C E N E P H
Z P B E B H R E T T E W N U T U S Q M
O E D R B I U S I F I S J T V L E Y T
N U E T J E W T C H A G E B U T T E N
W H Y C F P N O I W U Q C E X Q R U Q
W P F F D C B R P O Y N T L E E A K Q
```

```
H O S C H M Y T Y Y W Z Q C L J D J W
C R D H B C L R H A D U Z E O J T Z Y
I H H L A U B G E S T O E B E R L J P
L O Z N L E F F O T R A K Y G S M D L
T B T L A T E R N E L A U F E N S E X
S N A G A Z D P S Z B P I Q N Z W U E
B B B I T L O Z A M Z J B Y N V L U E
R T R N Y R R P E G V S W L R K Y A
E R I E N I W L G Y L S I S Q J Q V M
H H G O B V W M J K P N F X Z U A N Y
T A T K S K E I U I H G Z N Z O O E X
E Z L L H F O U N R W P U S K L J F A
A H F E E H E N J Z S U L Y U F L M H
P D B F R H E X X M M M O H S L N I F
S I P F B N R K Z O J E R W S I G P L
W E C O S Z S R W U K P O T J K L D G
V L D T T L G R R R V P V V P N L W
T K B R F P K M Q I V T P Z Q N Z Z E
W T X A R Z N F G J F P D G C J W O T
K S F K I G A T N N O S N E T O T G C
F B X P S N N S E B V Z T I R Z D C S
F R R N C V W C U W S Z X H I Y V M V
H E Q H H W C F F C L Z U C H N Q B V
P H E R B S T S C H N E E W Y R O C J
```

13

KARTOFFELKOENIG
SPAETHERBSTLICH
LAUBGESTOEBER
LATERNELAUFEN
HERBSTFRISCH

TOTENSONNTAG
HERBSTSCHNEE
HERBSTKLEID
KARTOFFELN
SPINNEN

Lösung

```
H  O  S  C  H  M  Y  T  Y  Y  W  Z  Q  C  L  J  D  J  W
C  R  D  H  B  C  L  R  H  A  D  U  Z  E  O  J  T  Z  Y
I  H  H  L  A  U  B  G  E  S  T  O  E  B  E  R  L  J  P
L  O  Z  N  L  E  F  F  O  T  R  A  K  Y  G  S  M  D  L
T  B  T  L  A  T  E  R  N  E  L  A  U  F  E  N  S  E  X
S  N  A  G  A  Z  D  P  S  Z  B  P  I  Q  N  Z  W  U  E
B  B  B  I  T  L  O  Z  A  M  Z  J  B  Y  N  V  L  U  E
R  T  R  N  Y  R  R  P  E  G  V  J  S  W  L  R  K  Y  A
E  R  I  E  N  I  W  L  G  Y  L  S  I  S  Q  J  Q  V  M
H  H  G  O  B  V  Q  M  J  K  P  N  F  X  Z  U  A  N  Y
T  A  T  K  S  K  E  I  U  I  H  G  Z  N  Z  O  O  E  X
E  Z  L  L  H  F  O  U  N  R  W  P  U  S  K  L  J  F  A
A  H  F  E  E  H  E  N  J  Z  S  U  L  Y  U  F  L  M  H
P  D  B  F  R  H  E  X  X  M  M  M  O  H  S  L  N  I  F
S  I  P  F  B  N  R  K  Z  O  J  E  R  W  S  I  G  P  L
W  E  C  O  S  Z  S  R  W  U  K  P  O  T  J  K  L  D  G
V  L  D  T  T  L  G  R  R  W  W  V  P  V  V  P  N  L  W
T  K  B  R  F  P  K  M  Q  I  V  T  P  Z  Q  N  Z  Z  E
W  T  X  A  R  Z  N  F  G  J  F  P  D  G  C  J  W  O  T
K  S  F  K  I  G  A  T  N  N  O  S  N  E  T  O  T  G  C
F  B  X  P  S  N  N  S  E  B  V  Z  T  I  R  Z  D  C  S
F  R  N  N  C  V  W  C  U  W  S  Z  X  H  I  Y  V  M  V
H  E  Q  H  H  W  C  F  F  C  L  Z  U  C  H  N  Q  B  V
P  H  E  R  B  S  T  S  C  H  N  E  E  W  Y  R  O  C  J
```

```
P A Z J W I N D B R A U S E N G D N X
H E R B S T G E B O R E N Q P G E M R
X N S P B D T R I O Y D E C O B E M U
V Z F K O R B N F F F G T Q E O C U S
W J M U O U T J E P A K X L R P U P N
E Q Z O B B O R N B E P D I G E R F G
U Z I L Q F H R A J E A N C D C C V W
O G G J C V B L O U E L S L T U V A A
V T M H F Q P R V M B B F J E C N M A
H C D Q E V P R M Z L E V E R H I I J
C F K D P T N E G A A V N K L N C W V
V I V X S A R P E P P V L H L D N I M
Y U O B B U T T R Z C O E E Y E M E
P L R U N J T H E K H D S G K R M R T
H E G G X E G U I T E T V B V Z B D B
H N W Y R N J D F O E T Z I T X D S M
B H U F K Q W R I A P Z D O L N C R T
W A A C O A P G R G B K D L J E I K Z
W L W M M X Z T C E G A X I M N H H O
L G V E J I S N K X X F G G W Y J O V
F E O T J B R S R G R J V W X K Z U H
T A T U R E T T E W T S B R E H W X E
N G A E U F D R E X C H C P V U L V G
S L H Q L D F Z H P R T T Y F L C C R
```

Lösung

```
P A Z J W I N D B R A U S E N G D N X
H E R B S T G E B O R E N Q P G E M R
X N S P B D T R I O Y D E C O B E M U
V Z F K O R B N F F F G T Q E O C U S
W J M U O U T J E P A K X L R P U P N
E Q Z O B B O R N B E P D I G E R F G
U Z I L Q F H R A J E A N C D C C V W
O G G J C V B L O U E L S L T U V A A
V T M H F Q P R V M B B F J E C N M A
H C D Q E V P R M Z L E V E R H I I J
C F K D P T N E G A A V N K L N C W V
V I V X S A R P E P P V L H L D N I M
Y U O B B U T T R Z C O E E Y E M E
P L R U N J T H E K H D S G K R M R T
H E G G X E G U I T E T V B V Z B D B
H N W Y R N J D F O E T Z I T X D S M
B H U F K Q W R I A P Z D O L N C R T
W A A C O A P G R G B K D L J E I K Z
W L W M M X Z T C E G A X I M N H H O
L G V E J I S N K X X F G G W Y J O V
F E O T J B R S R G J V W X K Z U H
T A T U R E T T E W T S B R E H W X E
N G A E U F D R E X C H C P V U L V G
S L H Q L D F Z H P R T T Y F L C C R
```

C	D	Y	A	C	I	P	G	Q	O	D	N	R	N	S	P	W	G	U
U	T	U	J	A	C	I	K	J	H	K	E	J	E	E	Y	S	Y	C
G	A	I	U	A	E	D	T	Q	B	V	Q	Y	G	P	T	Q	P	N
Q	R	W	O	U	T	N	R	W	C	U	J	F	E	U	K	D	F	R
Z	P	D	Y	N	Q	Y	E	A	P	Z	Y	P	R	Y	C	P	D	P
J	F	G	A	X	I	I	V	Z	C	E	J	M	R	M	I	H	Z	O
R	G	G	B	E	N	V	F	O	U	H	F	U	E	E	Z	S	U	V
E	M	J	Z	L	O	O	R	J	P	E	E	E	T	R	O	T	S	N
G	D	F	E	G	K	G	X	S	I	K	L	N	T	U	F	O	J	S
E	D	S	Y	B	D	E	Y	C	D	N	G	B	E	B	L	P	M	R
N	E	Y	D	E	V	L	Y	A	D	F	H	Z	A	M	K	P	C	H
S	B	J	U	X	T	S	A	Q	D	S	W	R	L	P	P	E	A	F
C	V	K	R	B	A	C	D	O	A	D	Z	O	B	P	K	L	U	D
H	M	E	K	P	E	H	T	A	N	N	E	N	Z	A	P	F	E	N
I	F	R	A	F	U	E	X	G	W	A	F	F	Z	B	A	E	G	G
R	A	S	P	K	I	U	U	L	C	O	W	Z	I	B	L	L	C	I
M	F	I	E	Y	W	C	Y	K	D	A	Z	T	M	S	Y	D	G	Y
X	L	A	Y	A	Y	H	Y	T	P	V	A	L	W	P	O	Q	K	G
Y	L	F	X	P	N	E	M	D	N	I	W	E	S	U	A	R	B	T
V	G	V	G	F	P	L	C	B	O	A	B	Y	N	W	M	F	U	P
Q	N	Q	O	I	Y	B	Q	V	L	H	E	H	P	B	C	S	L	N
E	G	N	Y	J	X	T	B	K	T	L	L	A	F	B	U	A	L	S
H	C	U	H	S	K	I	A	F	K	O	T	J	E	Y	O	K	L	W
K	W	R	B	U	Y	N	I	Y	S	X	O	W	L	O	V	D	X	U

15

VOGELSCHEUCHE

BLAETTERREGEN

TANNENZAPFEN

REGENSCHIRM

STOPPELFELD

BRAUSEWIND

LAUBFALL

WEINLESE

DRACHEN

STURM

Lösung

```
C D Y A C I P G Q O D N R N S P W G U
U T U J A C I K J H K E J E E Y S Y C
G A I U A E D T Q B V Q Y G P T Q P N
Q R W O U T N R W C U J F E U K D F R
Z P D Y N Q Y E A P Z Y P R Y C P D P
J F G A X I I V Z C E J M R M I H Z O
R G G B E N V F O U H F U E E Z S U V
E M J Z L O O R J P E E E T R O T S N
G D F E G K G X S I K L N T U F O J S
E D S Y B D E Y C D N G B E B L P M R
N E Y D E V L Y A D F H Z A M K P C H
S B J U X T S A Q D S W R L P P E A F
C V K R B A C D O A D Z O B P K L U D
H M E K P E H T A N N E N Z A P F E N
I F R A F U E X G W A F F Z B A E G G
R A S P K I U U L C O W Z I B L L C I
M F I E Y W C Y K D A Z T M S Y D G Y
X L A Y A Y H Y T P V A L W P O Q K G
Y L F X P N E M D N I W E S U A R B T
V G V G F P L C B O A B Y N W M F U P
Q N Q O I Y B Q V L H E H P B C S L N
E G N Y J X T B K T L L A F B U A L S
H C U H S K I A F K O T J E Y O K L W
K W R B U Y N I Y S X O W L O V D X U
```

```
P T W C T T Y Q X N W V O I X E X Q H
D C L Q S R K N B O L E L P A F I N N
K O F D H M H G B P Q J R Z H O J J X
D F C C M F S S S G C Z M Z E M A C E
C W R O D W T F R I M Q M H I P Q I M
U V H I J S D J E Q N B L V F Y E Z L
O H U V X M R S Z W O I Z E Y R R J U
N E T T P J Y E L O V R L J L F N Z C
Y W O J V G O P L A E N M M P X T T X
R C M J G Y V T N X M E E Q L Q E T P
D W V Q P A H E E J B N E K Y R D R F
U P A X M C K M M S E G U M A P A D F
E S M Y S R D B E O R F T Y O Q N B H
T P S Y N Y Y E H N T R Y G A Q K A D
E T H W Q U E R T N A U F E Z Y L K G
V H Q H S E M M N E G E R C B X T M N
O H E H I C S O A B F H U X B S L V Z
B C B W U O P R S O N N E J O W H Z Y
G A E H U E E G Y A J E C C N U T T F
Q G N A G X Z E R Z C B H X C Q Q E D
C H F Y N E E N H V R E T Y X N E Z M
S B L J I B N I C P E L E C C D T I E
C H N I U R O S C Z H V U B M T I X K
F C U M B T K B U E W H K P M W I V I
```

16

SEPTEMBERMORGEN
CHRYSANTHEMEN
NOVEMBERTAG
FRUEHNEBEL
ERNTEDANK

FRUECHTE
BIRNEN
APFEL
SONNE
OBST

Lösung

```
P T W C T T Y Q X N W V O I X E X Q H
D C L Q S R K N B O L E L P A F I N N
K O F D H M H G B P Q J R Z H O J J X
D F C C M F S S S G C Z M Z E M A C E
C W R O D W T F R I M Q M H I P Q I M
U V H I J S D J E Q N B L V F Y E Z L
O H U V X M R S Z W O I Z E Y R R J U
N E T T P J Y E L O V R L J L F N Z C
Y W O J V G O P L A E N M M P X T T X
R C M J G Y V T N X M E E Q L Q E T P
D W V Q P A H E E J B N E K Y R D R F
U P A X M C K M M S E G U M A P A D F
E S M Y S R D B E O R F T Y O Q N B H
T P S Y N Y Y E H N T R Y G A Q K A D
E T H W Q U E R T N A U F E Z Y L K G
V H Q S E M M N N E G E R C B X T M N
O H E H I C S O A B F H U X B S L V Z
B C B W U O P R S O N N E J O W H Z Y
G A E H U E E G Y A J E C C N U T T F
Q G N A G X Z E R Z C B H X C Q Q E D
C H F Y N E E N H V R E T Y X N E Z M
S B L J I B N I C P E L E C C D T I E
C H N I U R O S C Z H V U B M T I X K
F C U M B T K B U E W H K P M W I V I
```

```
K  J  P  O  N  D  O  W  J  M  A  M  J  F  R  R  N  V  U
F  N  G  P  O  K  T  O  B  E  R  Q  Q  C  A  J  E  P  E
M  A  G  U  N  R  D  A  U  P  Y  U  H  L  Z  Z  H  O  W
O  W  J  E  N  I  F  G  D  P  Q  H  P  T  E  L  V  E  S
U  O  H  L  K  Z  H  K  J  Q  E  E  W  W  A  D  V  F  R
B  E  D  O  D  C  A  K  F  O  H  R  D  U  W  V  L  K  Z
S  F  R  P  Y  W  A  N  J  X  N  B  H  R  S  G  U  B  Y
L  R  A  O  X  R  C  J  R  A  T  S  D  E  M  D  Q  H  R
P  I  U  G  N  P  W  F  S  N  K  T  O  G  D  C  J  M  E
S  N  B  R  N  I  M  S  A  X  E  G  D  E  X  C  Q  U  N
J  K  G  S  B  C  L  K  D  N  J  E  N  N  F  U  T  H  E
M  G  S  S  U  Z  L  V  M  E  O  L  H  T  F  L  F  R  D
P  C  E  M  A  Y  N  W  H  E  R  B  A  A  E  G  B  Z  L
S  P  Z  X  L  Y  L  S  G  W  P  S  S  G  Z  Q  B  Q  O
V  M  B  A  T  Y  T  T  L  O  L  N  E  M  T  U  X  W  G
Q  T  T  K  S  K  N  N  A  L  E  L  L  Y  E  T  Q  G  W
X  N  U  S  B  V  O  N  U  L  F  A  N  B  U  B  A  D  Z
Q  M  U  P  R  C  V  E  B  A  P  G  U  P  F  B  I  K  U
Z  F  W  R  E  A  E  B  H  H  A  G  E  L  P  H  O  X  F
Y  Q  I  M  H  I  M  U  A  G  D  T  S  T  Y  K  X  C  P
E  V  O  N  P  Z  B  A  U  Z  A  U  S  I  A  Z  A  V  K
Z  C  K  X  I  D  E  R  F  J  J  P  E  O  A  F  A  X  R
C  U  D  E  G  T  R  T  E  O  V  Y  G  S  L  A  O  C  H
X  Z  I  V  K  H  J  R  N  Z  M  U  U  V  C  O  B  L  L
```

17

GOLDENER OKTOBER   **HALLOWEEN**
APFELPROJEKT   **NOVEMBER**
HASELNUESSE   **REGENTAG**
LAUBHAUFEN   **TRAUBEN**
HERBSTLAUB   **PFUETZE**
HERBSTGELB   **JACKE**

```
K J P O N D O W J M A M J F R R N V U
F N G P O K T O B E R Q Q C A J E P E
M A G U N R D A U P Y U H L Z Z H O W
O W J E N I F G D P Q H P T E L V E S
U O H L K Z H K J Q E E W W A D V F R
B E D O D C A K F O H R D U W V L K Z
S F R P Y W A N J X N B H R S G U B Y
L R A O X R C J R A T S D E M D Q H R
P I U G N P W F S N K T O G D C J M E
S N B R N I M S A X E G D E X C Q U N
J K G S B C L K D N J E N N F U T H E
M G S S U Z L V M E O L H T F L F R D
P C E M A Y N W H E R B A A E G B Z L
S P Z X L Y L S G W P S S G Z Q B Q O
V M B A T Y T T L O L N E M T U X W G
Q T T K S K N N A L E L L Y E T Q G W
X N U S B V O N U L F A N B U B A D Z
Q M U P R C V E B A P G U P F B I K U
Z F W R E A E B H A G E L P H O X F
Y Q I M H I M U A G D T S T Y K X C P
E V O N P Z B A U Z A U S I A Z A V K
Z C K X I D E R F J J P E O A F A X R
C U D E G T R T E O V Y G S L A O C H
X Z I V K H J R N Z M U U V C O B L L
```

```
C C B O Q T A M X L C V K F Q D N P Y
D M E D G R I Y D W P I Z H L L Z D C
O K C W M F M A G K T U G V R F U R D
L B B R F E W U O F K H K K B Y R X B
A O A N F Y B N L R W V R K K P H T H
G A T S N O I T A M R O F E R K C Z I
R D C M I H N I B A Q X I W V Y U Z E
Z C E M U L B T S B R E H W E S R X I
Q U M A X X Y J I B T A V I D M E J A
R E M M O S R E B I E W T L A R G L G
R R W P H W L A T T U I B G O I B W U
N J A R T G N G Z Y P N N I U H U B A
G E L U I M C U Q B A G D I E C A H H
L W B B N E H C S T N A L P H S L C A
R D X R P V H H D N N Z R W T N B S P
V J I M A M B T F F Y E J U X E M T F
S W E Y C F R X P L H Y I I L G S A E
T B Q U M C T K R Y I H F N J E N M L
G N A F N A T S B R E H K Y A R X E D
U A Y X E F W X B P K P K V H T H J U
Q C U T X Q R H K R M M I N K K S Q F
N T V S L I S H X Q E J I B D I T A T
Z H P F U E T Z E N O H E T I G R C K
H E N C K R E T H C I L S I B R E U K
```

18

PFUETZEN PLANTSCHEN   HERBSTBLUME
ALTWEIBERSOMMER   REGENSCHIRM
REFORMATIONSTAG   LAUBGERUCH
KUERBISLICHTER   APFELDUFT
HERBSTANFANG   KASTANIEN
HERBSTFARBEN   MATSCH

Lösung

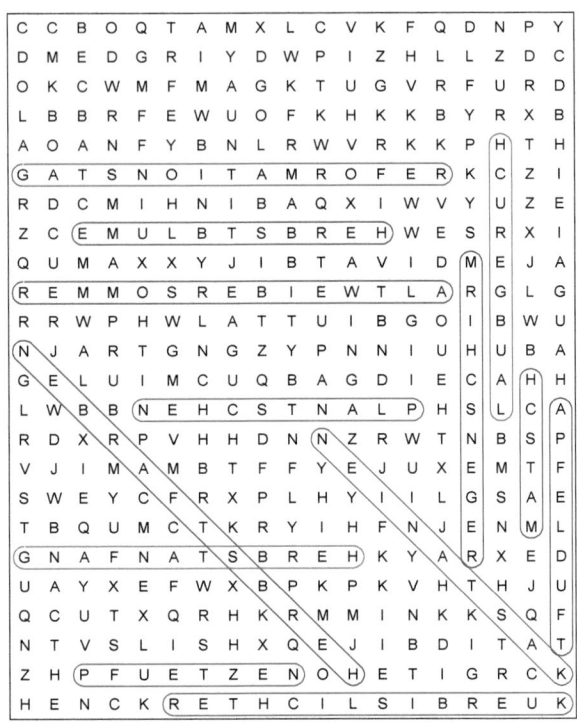

DAS

HALLOWEEN

WORTSUCHRÄTSEL BUCH

```
M T O C H J A Y L U R S G P N Z V R N
L E C C P O R N D O T X Y A B L K P P
H X U S C H A U M K U E S S E O Y M K
J T P Q G F B X W I U L M S E P U Z T
X J D T R V Z Q R S A Z S S B X M S H
D H B N L Y A U A D R Z R G Y Y M R Z
J I M E E D E N E I E R H C S E B Z V
C N S C D B T I A Z E H V X J Q H O D
T B N Y N F A H O E L L E N B R U T W
X S A Q I N U H O I I E P B Y B R F N
E E I S S I T M R O G E S M X S L P A
X N E E N A C H B A R S K I N D E R
D M N I G J K Z W X I V R F S L Q N Y
I K E J N N R T B O P W P Q U B S V R
R C H O E C N E B E L G R A U E N
S H Q U L C F L K X V R V Y K O Z H F
P H M E L U R B L G O W J R H L W Z O
A S H M E S S M E S D J K R H A E D
S Q H E O Y O Z R I O H S E P K D R V
S B K U H J Q Q B P I H L C W E A X E
V N T T H D X R I B M H H U R N K O O
E Q O S T O E H F Y O R V T X R S N F
K C R O C U T G A H P F Z F H R I X C
A V F K K G A Q T Y K B Z L N Q M I I
```

NACHBARSKINDER

HOELLENGESINDEL

HOHLER KUERBIS

SCHAUMKUESSE

KOSTUEME

HOELLENBRUT

NEBELGRAUEN

SPASS HABEN

HOELLENGEIST

SCHREIEN

Lösung

```
M T O C H J A Y L U R S G P N Z V R N
L E C C P O R N D O T X Y A B L K P P
H X U S C H A U M K U E S S E O Y M K
J T P Q G F B X W I U L M S E P U Z T
X J D T R V Z Q R S A Z S S B X M S H
D H B N L Y A U A D R Z R G Y Y M R Z
J I M E E D E N E I E R H C S E B Z V
C N S C D B T I A Z E H V X J Q H O D
T B N Y N F A H O E L L E N B R U T W
X S A Q I N U H O I I E P B Y B R F N
E E I S S I T M R O G E S M X S L P A
X N E E E N A C H B A R S K I N D E R
D M N I G J K Z W X I V R F S L Q N Y
I K E J N N R T B O P W P Q U B S V R
R C H O E C E C N E B E L G R A U E N
S H Q U L C F L K X V R V Y K O Z H F
P H M E L U R B L G O W J R H L W Z O
A S H M E S S M E S D J K R H A E D
S Q H E O Y O Z R I O H S E P K D R V
S B K U H J Q Q B P I H L C W E A X E
V N T T H D X R I B M H H U R N K O O
E Q O S T O E H F Y O R V T X R S N F
K C R O C U T G A H P F Z F T H R I X C
A V F K K G A Q T Y K B Z L N Q M I I
```

```
T N X S I L W C T S H B V T B B K D X
I R M H E R B S T Q Z Y S V Q W J G J
E M U G I S I U F K I C E B K K M X G
Z J H B M S C H A T T E N K K S P Q W
S U S U A M H C S T S E F S W T C U T
T S C W L J X I G A X O W O S C Z B L
H A K I O A U E O G C F Q X Z N D K Z
C U Y O M V R Z N J C Z J F F E G A F
A B Q O H E E V B L R J G N K L N Y P
N V G P G E C E S N V R S O G E W E F
H G F F O T B I X Z W M R J S S A Q L
I G U Q B N K D R P Z A R E D R X K D
E A L V V R Y M D T T M B Z R H R M R
W H F L N E A O B I P N L C W D I J D
R S O I W O P S O K E V V E U I H U Q
O D H A C N F N P L J R W C R K X K O
V Z V R E K E Q L W D P R S X E A N N
W E U M S M L E Q K U L V P I U K D W
Z Z P B W W O U Z Y Q T R R W H D V T
Y P O Y R H M I W U K X L S N D K M A
N E K Y I O U W I W E M M Z A D K A K
W H R L R H Z S Y C R L C V N I E S G
C W G A W U S R E B O T K O A K X D W
Y D Y H P Q A D B M G Y G A Y B Q S G
```

VORWEIHNACHTSZEIT
AUFGEREGT SEIN
HOELLENBESEN
FESTSCHMAUS
DEKORATION

SCHATTEN
OKTOBER
HERBST
ERNTE
APFEL

Lösung

```
T N X S I L W C T S H B V T B B K D X
I R M H E R B S T Q Z Y S V Q W J G J
E M U G I S I U F K I C E B K K M X G
Z J H B M S C H A T T E N K K K S P Q W
S U S U A M H C S T S E F S W T C U T
T S C W L J X I G A X O W O S C Z B L
H A K I O A U E O G C F Q X Z N D K Z
C U Y O M V R Z N J C Z J F F E G A F
A B Q O H E E V B L R J G N K L N Y P
N V G P G E C E S N V R S O G E W E F
H G F F O T B I X Z W M R J S S A Q L
I G U Q B N K D R P Z A R E D R X K D
E A L V V R Y M D T T M B Z R H R M R
W H F L N E A O B I P N L C W D I J D
R S O I W O P S O K E V V E U I H U Q
O D H A C N F N P L J R W C R K X O O
V Z V R E K E Q L W D P R S X E A N N
W E U M S M L E Q K U L V P I U K D W
Z Z P B W W O U Z Y Q T R R W H D V T
Y P O Y R H M I U K X L S N D K M A
N E K Y I O U W I W E M M Z A D K A K
W H R L R H Z S Y C R L C V N I E S G
C W G A W U S R E B O T K O A K X D W
Y D Y H P Q A D B M G Y G A Y B Q S G
```

X	O	C	I	H	J	M	F	D	U	N	K	E	L	H	E	I	T	N
F	R	I	D	C	Y	I	V	Q	P	Q	Z	H	Y	D	U	P	O	E
Q	L	U	P	U	Q	H	H	S	E	A	M	W	L	C	B	K	X	F
F	H	V	T	A	L	Y	L	K	T	Y	W	X	V	S	E	E	I	F
T	L	W	S	R	U	J	Q	N	Z	M	X	J	K	N	K	A	N	E
L	F	E	L	B	Z	T	Q	T	F	R	I	E	D	H	O	F	T	R
D	X	A	Z	S	V	S	R	V	S	E	U	M	J	K	M	L	U	T
U	D	R	S	G	Y	Q	D	H	Q	G	U	F	W	L	M	L	E	R
F	G	P	Y	N	E	S	K	A	K	X	N	U	J	E	E	O	R	E
F	O	Y	R	U	E	W	G	C	H	R	G	A	Q	T	N	E	D	T
U	A	C	K	D	V	T	F	P	O	K	N	E	T	O	T	D	R	S
O	V	T	R	I	T	L	A	J	S	B	Z	J	F	M	A	H	D	N
P	U	L	J	E	K	J	J	M	H	P	M	U	R	K	F	D	K	O
A	R	A	O	L	Q	S	I	Y	O	C	N	D	T	M	P	D	Y	M
C	V	U	K	K	P	I	H	M	T	T	E	B	H	T	W	N	D	M
C	H	R	H	R	X	D	Q	O	G	R	H	C	Q	N	O	K	Z	H
Z	I	P	C	E	M	M	I	T	S	S	E	B	A	R	G	K	P	H
L	J	L	R	V	R	G	S	P	K	M	C	O	K	V	D	C	A	I
F	X	B	X	V	Q	Z	N	C	E	X	L	F	O	B	E	T	C	B
V	E	K	O	A	K	U	O	Y	Y	U	B	I	V	O	T	I	Z	J
V	K	R	W	B	E	T	B	P	R	A	Z	Q	Y	W	H	S	E	N
T	G	I	J	M	E	D	N	E	H	C	S	T	E	I	U	Q	C	S
U	W	D	J	K	K	Z	O	Q	A	K	Y	T	T	T	P	N	M	G
Q	P	H	D	J	Z	X	B	I	L	Z	S	C	K	W	Z	H	Z	A

VERKLEIDUNGSBRAUCH
QUIETSCHENDE TUER
ANGST BEKOMMEN
MONSTERTREFFEN
GRABESSTIMME

TOMATENSAFT
DUNKELHEIT
TOTENKOPF
FRIEDHOF
BONBONS

Lösung

```
X  O  C  I  H  J  M  F  D  U  N  K  E  L  H  E  I  T  N
F  R  I  D  C  Y  I  V  Q  P  Q  Z  H  Y  D  U  P  O  E
Q  L  U  P  U  Q  H  H  S  E  A  M  W  L  C  B  K  X  F
F  H  V  T  A  L  Y  L  K  T  Y  W  X  V  S  E  E  I  F
T  L  W  S  R  U  J  Q  N  Z  M  X  J  K  N  K  A  N  E
L  F  E  L  B  Z  T  Q  T  F  R  I  E  D  H  O  F  T  R
D  X  A  Z  S  V  S  R  V  S  E  U  M  J  K  M  L  U  T
U  D  R  S  G  Y  Q  D  H  Q  G  U  F  W  L  M  L  E  R
F  G  P  Y  N  E  S  K  A  K  X  N  U  J  E  E  O  R  E
F  O  Y  R  U  E  W  G  C  H  R  G  A  Q  T  N  E  D  T
U  A  C  K  D  V  T  F  P  O  K  N  E  T  O  T  D  R  S
O  V  T  R  I  T  L  A  J  S  B  Z  J  F  M  A  H  D  N
P  U  L  J  E  K  J  J  M  H  P  M  U  R  K  F  D  K  O
A  R  A  O  L  Q  S  I  Y  O  C  N  D  T  M  P  D  Y  M
C  V  U  K  K  P  I  H  M  T  T  E  B  H  T  W  N  D  M
C  H  R  H  R  X  D  Q  O  G  R  H  C  Q  N  O  K  Z  H
Z  I  P  C  E  M  M  I  T  S  S  E  B  A  R  G  K  P  H
L  J  L  R  V  R  G  S  P  K  M  C  O  K  V  D  C  A  I
F  X  B  X  V  Q  Z  N  C  E  X  L  F  O  B  E  T  C  B
V  E  K  O  A  K  U  O  Y  Y  U  B  I  V  O  T  I  Z  J
V  K  R  W  B  E  T  B  P  R  A  Z  Q  Y  W  H  S  E  N
T  G  I  J  M  E  D  N  E  H  C  S  T  E  I  U  Q  C  S
U  W  D  J  K  K  Z  O  Q  A  K  Y  T  T  T  P  N  M  G
Q  P  H  D  J  Z  X  B  I  L  Z  S  C  K  W  Z  H  Z  A
```

```
F A R F X M J N Z C T A U H I S H Z W
Z O T N R K E V I U H Z D P T C H R E
K R G F R H N N U T X Y S H M S G R Z
Q O E T Q O X Y G J O F D H O Y E H T
C Q W T G E N A X I F B X N S E K M A
V U N Z N L V C T R N E O J X P S W R
W H L L E L X K S A O C S X Z T Q Y F
F U M Z E E S E C J B N R Q O Q L E N
T Q H A W N M Q Y C P J U E Q H M S E
J F N U O G H P Y H O B H H Q O Q I T
L T A B L E B N Y L M N P A P E D B O
W C C E L J L D L T E M U J S L Y R T
E F H R A A U E E N D C T Y W L D B L
B K T E H U T O F N G Y G I T E R M P
O I B R C C F J N K P K D B C N O I U
S O C S I H A O Y D X A P M I F H K U
L X S E V Z R R V Y E B A X B U D D F
I O G N V E B Z L E P O W A B E E F D
L D B T S N E T P M S P L N N R J S X
B I Z T D H N Z I M L I O Z H S Z A H
T A S C H E N L A M P E I X J T T U H
Y T R A P L E S U R G M W P R D H U X
F Q T F Q P T A T E C J E S Y V A U A
O I N M K K Z P W T V V P X P Z C O H
```

HALLOWEEN NACHT
HOELLENGEJAUCHZE
HOELLENFUERST
TASCHENLAMPE
GRUSELPARTY

TOTENFRATZE
BLUTFARBEN
STOEHNEN
ZAUBERER
UHU

Lösung

```
F A R F X M J N Z C T A U H I S H Z W
Z O T N R K E V I U H Z D P T C H R E
K R G F R H N N U T X Y S H M S G R Z
Q O E T Q O X Y G J O F D H O Y E H T
C Q W T G E N A X I F B X N S E K M A
V U N Z N L V C T R N E O J X P S W R
W H L E L X K S A O C S X Z T Q Y F
F U M Z E E S E C J B N R Q O Q L E N
T Q H A W N M Q Y C P J U E Q H M S E
J F N U O G H P Y H O B H H Q O Q I T
L T A B L E B N Y L M N P A P E D B O
W C C E J L D L T E M U J S L Y R T
E F H R A U E E N D C T Y W L D B L
B K T E H U T O F N G Y G I T E R M P
O I B R C C F J N K P K D B C N O I U
S O C S I H A O Y D X A P M I F H K U
L X S E V Z R R V Y E B A X B U D D F
I O G N V E B Z L E P O W A B E E F D
L D B T S N E T P M S P L N N R J S X
B I Z T D H N Z I M L I O Z H S Z A H
T A S C H E N L A M P E I X J T T U H
Y T R A P L E S U R G M W P R D H U X
F Q T F Q P T A T E C J E S Y V A U A
O I N M K K Z P W T V V P X P Z C O H
```

```
N G E I S T E R T A N Z M A S K E N Q
D L Y Y N O G J O I C W D P J Y N P C
V Z B W O A C Z Q S R O C J X M T C W
O K B M N K L A T D J G I N F C G O X
I K P U U O C Z G Z V H F U H Y G C J
U I I G H B H Z J P A Y I A L E O L U
N U U B R G I V R M D P Z V H T F T O
Y L U S P W B R A U C H V P L Y O Q Q
N E B I E R T R E V P L A V P N W E B
M M I L R E H C I L T S I R H C G U K
B H C Z N X R U W E G Y N J P Y E R M
M Q O D P T T W Q R T C I V G V I I I
L M L P A S M L Z L K L S P Q U S W U
E Q F Z T E N N E N N I P S A Q T P B
S S G U E W R S A B S V I W X P E U J
W B A L E K N D R O W U Y H G T R T K
A V T S E P L R O O U A S L D K U C G
X R J N T K F D C S N O B N O B U A K
G C S G J X F A I V R H Z D H C Z X J
A U M N F B K P X Q Z D L L M J J B D
P H Q I D T W G N U G E R F U A L E Y
B E W L G U M M I B A E R C H E N S G
T Z Q H Q D A D N E F P O L K Z R E H
L V X V I X B J U D J H N F F W X N S
```

5

CHRISTLICHER BRAUCH
GEISTER VERTREIBEN
GUMMIBAERCHEN
HERZKLOPFEN
SPINNENNETZ

KAUBONBONS
GEISTERTANZ
AUFREGUNG
MASKEN
BESEN

```
N  G  E  I  S  T  E  R  T  A  N  Z  M  A  S  K  E  N  Q
D  L  Y  Y  N  O  G  J  O  I  C  W  D  P  J  Y  N  P  C
V  Z  B  W  O  A  C  Z  Q  S  R  O  C  J  X  M  T  C  W
O  K  B  M  N  K  L  A  T  D  J  G  I  N  F  C  G  O  X
I  K  P  U  U  O  C  Z  G  Z  V  H  F  U  H  Y  G  C  J
U  I  I  G  H  B  H  Z  P  A  Y  I  A  L  E  O  L  U
N  U  U  B  R  G  I  V  R  M  D  P  Z  V  H  T  F  T  O
Y  L  U  S  P  W  B  R  A  U  C  H  V  P  L  Y  O  Q  Q
N  E  B  I  E  R  T  R  E  V  P  L  A  V  P  N  W  E  B
M  M  I  L  R  E  H  C  I  L  T  S  I  R  H  C  G  U  K
B  H  C  Z  N  X  R  U  W  E  G  Y  N  J  P  Y  E  R  M
M  Q  O  D  P  T  T  W  Q  R  T  C  I  V  G  V  I  I  I
L  M  L  P  A  S  M  L  Z  L  K  L  S  P  Q  U  S  W  U
E  Q  F  Z  T  E  N  N  E  N  N  I  P  S  A  Q  T  P  B
S  S  G  U  E  W  R  S  A  B  S  V  I  W  X  P  E  U  J
W  B  A  L  E  K  N  D  R  O  W  U  Y  H  G  T  R  T  K
A  V  T  S  E  P  L  R  O  O  U  A  S  L  D  K  U  C  G
X  R  J  N  T  K  F  D  C  S  N  O  B  N  O  B  U  A  K
G  C  S  G  J  X  F  A  I  V  R  H  Z  D  H  C  Z  X  J
A  U  M  N  F  B  K  P  X  Q  Z  D  L  L  M  J  J  B  D
P  H  Q  I  D  T  W  G  N  U  G  E  R  F  U  A  L  E  Y
B  E  W  L  G  U  M  M  I  B  A  E  R  C  H  E  N  S  G
T  Z  Q  H  Q  D  A  D  N  E  F  P  O  L  K  Z  R  E  H
L  V  X  V  I  X  B  J  U  D  J  H  N  F  F  W  X  N  S
```

```
A M U E S I E R E N I P S L E I T W L
K F F C Y T M Y V P X S C R J J B D L
P A N I Z Z T V K N B K H X T H L M U
A J N G T Z L R L R Q F A G Z E U S Y
E M W R E O T B Y F M Q U G F U T X A
I G Z A U B G N H M V P E E U G S S J
F V H U F C S I H K T N R I E A T K R
E A X S E C X P M L G Y G S R B R N Q
E E U I L E P M M N A N E T C E O F E
I R F G S J E J A T J E S E H L P S R
R G U E N J W K Y Y G G T R T K F A C
E E D T A G D I S S N I A H E P E Z C
V R U R C L J N A H Z L L A N J N G D
F N M F H P N R E Q V I T U R J K E S
Y A T L T J J F S B X E E S O S A C B
I Z V I I S T Z N K A H N M G M A S C
F E B A L H C G L W B R P M K M W K V
O X T U F Y Z H S Z A E X G X P M Y C
I O P T E C K F M S T L G R I W U C O
N T K W U L H N H I E L Y J J P U B U
V T Y K V R Y A J G N A F T G I J G M
L V I I O R G V E L Z K Y D D A F O G
A C I V Z I F H I U Q B E G X Y D R W
V Y Z F Q O H U H E E I P N H E W W B
```

ABEND VOR ALLERHEILIGEN

BLUTSTROPFEN SCHMINKEN

SCHAUERGESTALTEN

TEUFELSNACHT

GEISTERHAUS

AMUESIEREN

FUERCHTEN

HEUGABEL

GRAUSIG

AERGERN

Lösung

```
A M U E S I E R E N I P S L E I T W L
K F F C Y T M Y V P X S C R J J B D L
P A N I Z Z T V K N B K H X T H L M U
A J N G T Z L R L R Q F A G Z E U S Y
E M W R E O T B Y F M Q U G F U T X A
I G Z A U B G N H M V P E E U G S S J
F V H U F C S I H K T N R I E A T K R
E A X S E C X P M L G Y G S R B R N Q
E E U I L E P M M N A N E T C E O F E
I R F G S J E J A T J E S E H L P S R
R G U E N J W K Y Y G G T R T K F A C
E E D T A G D I Z S N I A H E P E Z C
V R U R C L J N A H Z L L A N J N G D
F N M F H P N R E Q V I T U R J K E S
Y A T L T J J F R B X E E S O S A C B
I Z V I I S T Z N K A H N M G M A S C
F E B A L H C G L W B R P M K M W K V
O X T U F Y Z H S Z A E X G X P M Y C
I O P T E C K F M S T L G R I W U C O
N T K W U L H N H I E L Y J J P U B U
V T Y K V R Y A J G N A F T G I J G M
L V I I O R G V E L Z K Y D D A F O G
A C I V Z I F H I U Q B E G X Y D R W
V Y Z F Q O H U H E E I P N H E W W B
```

```
P V S K D R X V O S J Q O E H D B F B
E Y D H R K D X S N O F G I H V I Q B
J C Y Z S E X J V B V Q S N F I I G T
E C B H W Z U B J K P S B L Y Y C E E
A G M M X A D A T R D F X E Z X C O O
C R V F G N R A H I S J Q D U O Y M B
V D V O C A I B E C O E Z O Z H S N T
B A T S R E B U A Z S Q D K L O F Z K
E T R O T A B E W T A R E Y D A D Y Q
Z T M L Z N E H E I Z R E H M U R Q O
I I W O E O T I J V B Y X T J V I C L
Z I D P A C C H D A L Z T T S G Z P B
N M V U U T C C S M V U S X U I W Q E
N P T E R A A I B P M I E P T L E M K
N Q Y C Q C L L U I Q F F B H H B G A
W A G U L J H R N R R T T X E G M M E
R I H G E R G H W G Q A S O G D G C K
T B B L N X A E Q E V B B P S O X K D
C O D R N O B A E B Q F R P R M B D W
A K E P Q B R J J I X K E S P P Y J W
M X U T B X S U H S J V H N E C M V P
W S P U K H T O N S E I F K C I L I Z
H V Y A U X G N U D I E L K R E V Z O
T H N R W M Q S C N A C H T U T B A H
```

DURCH DIE NACHT   ZAUBERSTAB
GEISTERSCHAUER   HERBSTFEST
VAMPIRGEBISS   JAEHRLICH
UMHERZIEHEN   SPUK
VERKLEIDUNG   BLUT

```
P  V  S  K  D  R  X  V  O  S  J  Q  O  E  H  D  B  F  B
E  Y  D  H  R  K  D  X  S  N  O  F  G  I  H  V  I  Q  B
J  C  Y  Z  S  E  X  J  V  B  V  Q  S  N  F  I  I  G  T
E  C  B  H  W  Z  U  B  J  K  P  S  B  L  Y  Y  C  E  E
A  G  M  M  X  A  D  A  T  R  D  F  X  E  Z  X  C  O  O
C  R  V  F  G  N  R  A  H  I  S  J  Q  D  U  O  Y  M  B
V  D  V  O  C  A  I  B  E  C  O  E  Z  O  Z  H  S  N  T
B  A  T  S  R  E  B  U  A  Z  S  Q  D  K  L  O  F  Z  K
E  T  R  O  T  A  B  E  W  T  A  R  E  Y  D  A  D  Y  Q
Z  T  M  L  Z  N  E  H  E  I  Z  R  E  H  M  U  R  Q  O
I  I  W  O  E  O  T  I  J  V  B  Y  X  T  J  V  I  C  L
Z  I  D  P  A  C  C  H  D  A  L  Z  T  T  S  G  Z  P  B
N  M  V  U  U  T  C  C  S  M  V  U  S  X  U  I  W  Q  E
N  P  T  E  R  A  A  I  B  P  M  I  E  P  T  L  E  M  K
N  Q  Y  C  Q  C  L  L  U  I  Q  F  F  B  H  H  B  G  A
W  A  G  U  L  J  H  R  N  R  R  T  T  X  E  G  M  M  E
R  I  H  G  E  R  G  H  W  G  Q  A  S  O  G  D  G  C  K
T  B  B  L  N  X  A  E  Q  E  V  B  B  P  S  O  X  K  D
C  O  D  R  N  O  B  A  E  B  Q  F  R  P  R  M  B  D  W
A  K  E  P  Q  B  R  J  J  I  X  K  E  S  P  P  Y  J  W
M  X  U  T  B  X  S  U  H  S  J  V  H  N  E  C  M  V  P
W  S  P  U  K  H  T  O  N  S  E  I  F  K  C  I  L  I  Z
H  V  Y  A  U  X  G  N  U  D  I  E  L  K  R  E  V  Z  O
T  H  N  R  W  M  Q  S  C  N  A  C  H  T  U  T  B  A  H
```

V	M	Y	W	A	R	X	P	G	H	S	V	F	G	Y	E	J	J	F
A	V	E	C	T	L	T	R	H	E	N	N	I	P	S	X	C	H	F
C	D	E	X	I	T	U	V	Z	M	K	Q	H	V	S	A	B	C	K
O	A	L	O	S	O	W	C	N	O	H	T	T	X	M	K	K	N	D
Y	S	E	T	P	I	R	K	T	N	Q	W	C	Y	K	D	A	X	O
J	O	I	J	L	J	C	F	F	E	C	S	B	A	I	J	T	V	V
B	Z	P	E	L	R	P	N	F	E	K	N	U	R	B	G	Z	O	Z
F	K	S	O	K	P	V	K	E	P	X	F	X	O	R	O	E	D	C
J	O	N	E	I	W	F	I	O	L	E	N	I	O	S	T	Z	J	H
E	T	E	J	J	U	T	D	I	N	H	H	T	V	Q	M	R	L	I
M	X	H	E	E	O	E	A	O	U	Q	E	V	C	E	V	O	F	S
I	C	C	J	M	R	I	Q	B	P	N	W	O	E	D	J	U	X	S
Z	D	S	Q	E	G	S	D	J	P	B	C	M	H	D	D	Y	Q	X
P	S	I	D	U	E	Z	Q	B	E	Z	B	M	W	S	U	K	T	S
N	C	E	F	T	X	V	W	D	L	E	S	U	R	G	U	M	R	O
J	H	R	R	S	E	M	C	U	T	S	E	R	U	A	S	A	G	O
S	W	K	P	O	H	A	N	O	H	F	P	F	N	Y	K	X	E	Y
G	A	U	Y	K	X	G	Q	S	C	J	V	E	T	B	P	G	S	P
V	R	O	S	L	G	I	F	E	A	K	D	S	U	E	S	S	E	S
D	Z	J	F	F	H	S	A	G	N	I	A	G	G	E	B	L	K	L
J	E	C	B	I	J	C	K	U	E	R	B	I	S	G	Y	C	L	U
X	Y	B	E	N	L	H	F	I	P	O	Y	L	G	O	C	L	Q	G
S	P	Y	C	V	P	Q	N	O	X	H	P	M	A	K	M	X	V	L
L	O	F	R	Q	E	J	O	T	H	X	S	B	W	Z	I	G	F	P

SUESSES ODER SAURES

KUERBIS AUSHOEHLEN

KOSTUEME KAUFEN

SCHWARZE KATZE

GRUSEL SPIELE

KREISCHEN

MAGISCH

SPINNE

NACHT

HEXE

Lösung

V	M	Y	W	A	R	X	P	G	H	S	V	F	G	Y	E	J	J	F
A	V	E	C	T	L	T	R	H	E	N	N	I	P	S	X	C	H	F
C	D	E	X	I	T	U	V	Z	M	K	Q	H	V	S	A	B	C	K
O	A	L	O	S	O	W	C	N	O	H	T	T	X	M	K	K	N	D
Y	S	E	T	P	I	R	K	T	N	Q	W	C	Y	K	D	A	X	O
J	O	I	J	L	J	C	F	F	E	C	S	B	A	I	J	T	V	V
B	Z	P	E	L	R	P	N	F	E	K	N	U	R	B	G	Z	O	Z
F	K	S	O	K	P	V	K	E	P	X	F	X	O	R	O	E	D	C
J	O	N	E	I	W	F	I	O	L	E	N	I	O	S	T	Z	J	H
E	T	E	J	J	U	T	D	I	N	H	H	T	V	Q	M	R	L	I
M	X	H	E	E	O	E	A	O	U	Q	E	V	C	E	V	O	F	S
I	C	C	J	M	R	I	Q	B	P	N	W	O	E	D	J	U	X	S
Z	D	S	Q	E	G	S	D	J	P	B	C	M	H	D	D	Y	Q	X
P	S	I	D	U	E	Z	Q	B	E	Z	B	M	W	S	U	K	T	S
N	C	E	F	T	X	V	W	D	L	E	S	U	R	G	U	M	R	O
J	H	R	R	S	E	M	C	U	T	S	E	R	U	A	S	A	G	O
S	W	K	P	O	H	A	N	O	H	F	P	F	N	Y	K	X	E	Y
G	A	U	Y	K	X	G	Q	S	C	J	V	E	T	B	P	G	S	P
V	R	O	S	L	G	I	F	E	A	K	D	S	U	E	S	S	E	S
D	Z	J	F	F	H	S	A	G	N	I	A	G	G	E	B	L	K	L
J	E	C	B	I	J	C	K	U	E	R	B	I	S	G	Y	C	L	U
X	Y	B	E	N	L	H	F	I	P	O	Y	L	G	O	C	L	Q	G
S	P	Y	C	V	P	Q	N	O	X	H	P	M	A	K	M	X	V	L
L	O	F	R	Q	E	J	O	T	H	X	S	B	W	Z	I	G	F	P

```
O R Y C O X I Z G R U S E L A B E N D
H M A U X T K O V V C E Z Z N S V G O
C K N B M F H F P B M E X S Q C P S Q
M A A Y E W Q M H F I U X Z H D J P Y
U R L W M A I Q I U M B L Q V V Z O T
Z K T O T E N B L E I C H N X A G U J
K T E U F E L J O L B X J I X D J A G
S N Q T Z B G G O J T Z D D W B C F X
L A E N D K E L O O H N H R K C M S L
J S D X I S S D X B M Y I M K C I D W
D F N F I M O J W J S F R M Z H W R O
R O U M G U Q Y C P C D P M M W M Y I
R S T F K X E H S X Z D S Y S M M C X
Y Y S K N O B L A U C H X B S I T X J
H U R M E X M X D U S D Y K G K I T D
V E E M B D R Y F X D W F G U W M B D
H F T D F V Q E C W U S C S K N B D X
G Q S V G F X E G I R U A H C S L V T
K Z I E Z E T T E L E K S P R P Q J E
S K E I S T H C A N V U E W H I F W G
N P G I Y S S R J R P F I G U R E N R
Z E W O E W I E A C B Z K V E G W H U
D H S A N K L O P F E N T O I D I B I
C Z D W U U Q Q V L X P D F E K B V O
```

SCHAURIGE FIGUREN

GEISTERSTUNDE

TOTENBLEICH

GRUSELABEND

ANKLOPFEN

KNOBLAUCH

SKELETTE

NACHTS

TEUFEL

RABE

Lösung

```
O  R  Y  C  O  X  I  Z  G  R  U  S  E  L  A  B  E  N  D
H  M  A  U  X  T  K  O  V  V  C  E  Z  Z  N  S  V  G  O
C  K  N  B  M  F  H  F  P  B  M  E  X  S  Q  C  P  S  Q
M  A  A  Y  E  W  Q  M  H  F  I  U  X  Z  H  D  J  P  Y
U  R  L  W  M  A  I  Q  I  U  M  B  L  Q  V  V  Z  O  T
Z  K  T  O  T  E  N  B  L  E  I  C  H  N  X  A  G  U  J
K  T  E  U  F  E  L  J  O  L  B  X  J  I  X  D  J  A  G
S  N  Q  T  Z  B  G  G  O  J  T  Z  D  D  W  B  C  F  X
L  A  E  N  D  K  E  L  O  O  H  N  H  R  K  C  M  S  L
J  S  D  X  I  S  S  D  X  B  M  Y  I  M  K  C  I  D  W
D  F  N  F  I  M  O  J  W  J  S  F  R  M  Z  H  W  R  O
R  O  U  M  G  U  Q  Y  C  P  C  D  M  M  M  W  M  Y  I
R  S  T  F  K  X  E  H  S  X  Z  D  S  Y  S  M  M  C  X
Y  Y  S  K  N  O  B  L  A  U  C  H  X  B  S  I  T  X  J
H  U  R  M  E  X  M  X  D  U  S  D  Y  K  G  K  I  T  D
V  E  E  M  B  D  R  Y  F  X  D  W  F  G  U  W  M  B  D
H  F  T  D  F  V  Q  E  C  W  U  S  C  S  K  N  B  D  X
G  Q  S  V  G  F  X  E  G  I  R  U  A  H  C  S  L  V  T
K  Z  I  E  Z  E  T  T  E  L  E  K  S  P  R  P  Q  J  E
S  K  E  I  S  T  H  C  A  N  V  U  E  W  H  I  F  W  G
N  P  G  I  Y  S  S  R  J  R  P  F  I  G  U  R  E  N  R
Z  E  W  O  E  W  I  E  A  C  B  Z  K  V  E  G  W  H  U
D  H  S  A  N  K  L  O  P  F  E  N  T  O  I  D  I  B  I
C  Z  D  W  U  U  Q  Q  V  L  X  P  D  F  E  K  B  V  O
```

```
W  I  H  C  I  S  M  U  R  J  H  R  Y  B  W  I  D  Q  R
N  E  F  B  A  B  L  I  Q  X  U  Z  Y  L  R  C  S  H  H
K  M  Q  S  C  H  O  K  O  L  A  D  E  M  E  H  C  W  Z
O  L  O  W  O  C  W  Q  C  M  M  J  O  T  K  I  W  S  D
E  G  B  R  J  Z  P  E  Y  I  N  N  V  A  J  I  H  D  O
K  U  X  O  E  L  F  Y  U  E  S  U  A  P  L  R  Q  Q  O
Y  Q  B  L  I  W  S  V  G  T  Y  Y  M  Q  I  D  M  D  U
F  A  B  C  S  S  U  C  E  T  B  X  P  I  J  A  C  X  U
C  Q  W  O  Q  H  A  R  D  S  B  G  I  N  N  O  J  L  W
Z  E  J  Z  J  N  M  Q  R  J  G  Z  R  L  D  K  W  Q  A
N  A  I  A  H  M  R  M  X  V  D  H  U  E  F  M  U  U  L
F  Q  Y  G  M  A  E  T  N  A  X  S  M  S  Z  X  R  M  X
Z  S  L  J  O  G  D  K  V  K  A  O  H  S  A  C  F  I  S
A  E  K  N  N  B  E  V  Q  Y  Z  K  A  A  U  D  T  F  Y
D  S  U  O  E  N  L  H  E  S  C  W  N  R  B  X  F  I  I
Q  S  E  N  D  Q  F  I  W  K  K  M  G  E  E  M  D  A  A
E  E  I  S  I  Y  U  F  R  A  T  D  D  G  R  T  O  X  R
Y  U  Q  S  E  C  K  E  H  R  L  K  D  N  S  L  B  J  M
A  S  A  Z  L  X  A  A  G  I  N  J  O  E  A  G  X  U  E
N  D  J  K  K  N  R  I  N  O  Y  Z  I  H  F  E  U  N  G
B  Y  D  V  R  V  U  R  C  R  R  S  I  C  T  P  I  B  D
R  Q  L  W  E  V  C  H  G  M  E  S  I  O  K  K  L  M  R
O  E  A  A  V  R  E  Z  H  B  P  J  U  N  F  D  V  Q  Q
C  H  E  X  E  N  H  A  U  S  C  T  H  K  O  Y  H  L  W
```

10

KNOCHENGERASSEL
SICH VERKLEIDEN
VAMPIRUMHANG
SCHOKOLADE
ZAUBERSAFT

FLEDERMAUS
HEXENHAUS
MONSTER
KNOCHEN
SUESSES

Lösung

```
W I H C I S M U R J H R Y B W I D Q R
N E F B A B L I Q X U Z Y L R C S H H
K M Q S C H O K O L A D E M E H C W Z
O L O W O C W Q C M M J O T K I W S D
E G B R J Z P E Y I N N V A J I H D O
K U X O E L F Y U E S U A P L R Q Q O
Y Q B L I W S V G T Y Y M Q I D M D U
F A B C S S U C E T B X P I J A C X U
C Q W O Q H A R D S B G I N N O J L W
Z E J Z J N M Q R J G Z R L D K W Q A
N A I A H M R M X V D H U E F M U U L
F Q Y G M A E T N A X S M S Z X R M X
Z S L J O G D K V K A O H S A C F I S
A E K N B E V Q Y Z K A A U D T F Y
D S U O E N L H E S C W N R B X F I I
Q S E N D Q F I W K K M G E E M D A A
E E I S I Y U F R A T D D G R T O X R
Y U Q S E C K E H R L K D N S L B J M
A S A Z L X A A G I N J O E A G X U E
N D J K K N R I N O Y Z I H F E U N G
B Y D V R V U R C R R S I C T P I B D
R Q L W E V C H G M E S I O K K L M R
O E A A V R E Z H B P J U N F D V Q Q
C H E X E N H A U S C T H K O Y H L W
```

```
B F C B R Y T U X A B B B R A T Y K P
Q W D H T X C K S Q W X F G R X Q B K
S W I U Z O A R C Z J N I F E V L G T
J D E G F K X P O N Y X K N H P S W U
I S R R S T P X U T F S R P C I L U D
E P X M W M C Y B L E E I E S B E H N
T F S H A O Q U M U T E V K T Q D R L
I M D Q Z S L D W A P X L R U R O V J
E F A T Q I J F L N H R E R L E J C Z
Z Q D R H K J S K G R U S E L F E S T
L U Z E F C I J C S V Q Y I D Y D N P
H P B Z I B A Z J N G E S T R X A U L
A R P N R I W N Y M H J P X S R S V C
M W K E E Z L X R B J O L F S A X U O
L H U S X I T J F E V J M U U B R P F
E K I M O C E I X X T M B A R J Z N L
U N L V U J N R L F M T U V Q Y N W E
E X P X N M K S E O G D I W F I O J O
R J E K G K T M I K E R W M U Y V L W
G J O L C J K U U I C E N E P P I L Z
I H F I R E D N I K V E C Q A X Z V D
Y J O K E S C M V B D F L Z H M E C Q
G U Q U B F F V B M C Z E P Y P T H Q
A B P V O A P I J Z W G C K K T F Y B
```

11

GREUELMAHLZEIT
KUERBISLATERNE
MITTERNACHT
ROTE LIPPEN
ZWOELF UHR

GRUSELFEST
LECKEREIEN
WERWOLF
LUTSCHER
KINDER

Lösung

```
B  F  C  B  R  Y  T  U  X  A  B  B  B  R  A  T  Y  K  P
Q  W  D  H  T  X  C  K  S  Q  W  X  F  G  R  X  Q  B  K
S  W  I  U  Z  O  A  R  C  Z  J  N  I  F  E  V  L  G  T
J  D  E  G  F  K  X  P  O  N  Y  X  K  N  H  P  S  W  U
I  S  R  R  S  T  P  X  U  T  F  S  R  P  C  I  L  U  N
E  P  X  M  W  M  C  Y  B  L  E  E  I  E  S  B  E  H  N
T  F  S  H  A  O  Q  U  M  U  T  E  V  K  T  Q  D  R  L
I  M  D  Q  Z  S  L  D  W  A  P  X  L  R  U  R  O  V  J
E  F  A  T  Q  I  J  F  L  N  H  R  E  R  L  E  J  C  Z
Z  Q  D  R  H  K  J  S  K  G  R  U  S  E  L  F  E  S  T
L  U  Z  E  F  C  I  J  C  S  V  Q  Y  I  D  Y  D  N  P
H  P  B  Z  I  B  A  Z  J  N  G  E  S  T  R  X  A  U  L
A  R  P  N  R  I  W  N  Y  M  H  J  P  X  S  R  S  V  C
M  W  K  E  E  Z  L  X  R  B  J  O  L  F  S  A  X  U  O
L  H  U  S  X  I  T  J  F  E  V  J  M  U  U  B  R  P  F
E  K  I  M  O  C  E  I  X  X  T  M  B  A  R  J  Z  N  L
U  N  L  V  U  J  N  R  L  F  M  T  U  V  Q  Y  N  W  E
E  X  P  X  N  M  K  S  E  O  G  D  I  W  F  I  O  J  O
R  J  E  K  G  K  T  M  I  K  E  R  W  M  U  Y  V  L  W
G  J  O  L  C  J  K  U  U  I  C  E  N  E  P  P  I  L  Z
I  H  F  I  R  E  D  N  I  K  V  E  C  Q  A  X  Z  V  D
Y  J  O  K  E  S  C  M  V  B  D  F  L  Z  H  M  E  C  Q
G  U  Q  U  B  F  F  V  B  M  C  Z  E  P  Y  P  T  H  Q
A  B  P  V  O  A  P  I  J  Z  W  G  C  K  K  T  F  Y  B
```

```
J X H R L V G T C M O S J I H V P N P
E R D E U K C G B D F R C Z E Q L R E
T R D T S D B E D B I D Q C C D P C H
E T S S I N B H G P T P P F H X V C E
U Z D E V O M G T U H R P O H R N F P
K K U U C M A P R R M I X Q O S M U C
N R B L L L M T S R O Q H V L L G Z V
A J C F G L X R C G Z Y K N H L P Z P
R T C E V O M H U X P T S R T O R Q A
T N T G N V R D K A P V V Y E B Y Q P Y
R E R R Y W E Z F I M T D T R G U C L
E I G E Z F T N S C Z S N N H Z D Y V
B E R U R S S I U I V G N A F S H M M
U R U A G Y I E Q X H M I L R M T J B
A E S H G R E T M O P B B O S T S Q N
Z H E C Q J G S R G E I O Y Y Q Z Y B
P C L S Y J T B D H O N W K P K O R W
F S I V S B K A Z X O E L F P O J A Q
S A G Q D C V R Y V S O F F B U H C P
Q N I X A I H G P G K B Q B D M W I J
I N L J W U I W C F A Y T R A P M O R
X T Y C Y T K K A D R M Z E G N A R O
P Q I L U N D A J R J F D F W U O S T
R B P R C I C P K O Z G Y N V R D H E
```

12

ORANGE UND SCHWARZ
SCHAUERGEFLUESTER
JACK OLANTERN
NASCHEREIEN
ZAUBERTRANK

GRABSTEIN
VOLLMOND
GRUSELIG
GEISTER
PARTY

Lösung

```
J X H R L V G T C M O S J I H V P N P
E R D E U K C G B D F R C Z E Q L R E
T R D T S D B E D B I D Q C C D P C H
E T S S I N B H G P T P P F H X V C E
U Z D E V O M G T U H R P O H R N F P
K K U U C M A P R R M I X Q O S M U C
N R B L L M T S R O Q H V L L G Z V
A J C F G L X R C G Z Y K N H L P Z P
R T C E V O M H U X P T S R T O R Q A
T N T G N V R D K A P V Y E B Y Q P Y
R E R R Y W E Z F I M T D T R G U C L
E I G E Z F T N S C Z S N N H Z D V
B E R U S S I U I V G N A F S H M M
U R U A G Y I E Q X H M I L R M T J B
A E S H G R E T M O P B B O S T S Q N
Z H E C Q J G S R G E I Y Y Q Z Y B
P C L S Y J T B D H O N W K P K O R W
F S I V S B K A Z X O E L F P O J A Q
S A G Q D C V R V S O F F B U H C P
Q N I X A I H G P G K B Q B D M W I J
I N L J W U I W C F A Y T R A P M O R
X T Y C Y T K K A D R M Z E G N A R O
P Q I L U N D A J R J F D F W U O S T
R B P R C I C P K O Z G Y N V R D H E
```

```
B A C V Y K K A A E K P F L J Q H Y N
F A T C Q C L Z O M B I E C N O C Z O
W W F K M O K H O E L L E N B A N D E
S U W B R E N N E N G V C V J V A J Q
E T M R F U Z S S V Y J F J G G Q S L B
N X J B J I T A B V Y S F B K R M K F
S G H B G E C W W Y C H J L R L B J I
E G L F F G F M H H E P L E V C N X L
N H O G E A E Z W Z H E P A R G P C S
M P A L R U L A B B G I V M M E L O P
A T D Q X D R T X O D D O F G K S L T
N T L V V Z T P V K S L R L B A M W W
N W T G E N C N L K I Z G P R W Z X Y
T L I R M C E K C M N X A G R E W H O
L M V Q B H W T T W L Y R Z P F J E E
V U P U C K Z P J U U B T J I A K Z Y
D N J I Z Y E V S T E X E Q W R E N P
N I E H C S L E K C A F N E L L E O H
G L S R K B V Z X F F J B P F Z X C R
M Q U K C K V H E X E N H U T C V Z U
D U Q L W J T T F Z F K O X H L R J E
K Y V X P B H P G O H U T D N K O Y S
C B S Y R T L E H G M F V U D R U X I
U G D O Y X O B Q D Q B N R V X V B P
```

13

HOELLENFACKELSCHEIN

SCHWARZER HEXENHUT

HOELLENBANDE

LEICHENVOGEL

SENSENMANN

VORGARTEN

FAEULNIS

BRENNEN

ZOMBIE

SARG

Lösung

```
B A C V Y K K A A E K P F L J Q H Y N
F A T C Q C L Z O M B I E C N O C Z O
W W F K M O K H O E L L E N B A N D E
S U W B R E N N E N G V C V J V A J Q
E T M R F U Z S S V Y J F J G Q S L B
N X J B J I T A B V Y S F B K R M K F
S G H B G E C W W Y C H J L R L B J I
E G L F F G F M H H E P L E V C N X L
N H O G E A E Z W Z H E P A R G P C S
M P A L R U L A B B G I V M M E L O P
A T D Q X D R T X O D D O F G K S L T
N T L V V Z T P V K S L R L B A M W W
N W T G E N C N L K I Z G P R W Z X Y
T L I R M C E K C M N X A G R E W H O
L M V Q B H W T T W L Y R Z P F J E E
V U P U C K Z P J U U B T J I A K Z Y
D N J I Z Y E V S T E X E Q W R E N P
N I E H C S L E K C A F N E L L E O H
G L S R K B V Z X F J B P F Z X C R
M Q U K C K V H E X E N H U T C V Z U
D U Q L W J T T F Z F K O X H L R J E
K Y V X P B H P G O H U T D N K O Y S
C B S Y R T L E H G M F V U D R U X I
U G D O Y X O B Q D Q B N R V X V B P
```

```
X  A  J  E  S  N  Z  W  Z  O  N  U  J  Z  M  S  Q  I  P
U  S  N  K  U  E  R  B  I  S  Q  J  A  U  A  E  N  G  L
I  H  E  H  C  U  S  E  B  S  U  A  H  S  H  D  T  G  L
A  L  E  N  A  B  K  L  D  S  J  E  C  C  Z  A  V  W  U
G  D  V  P  Q  G  J  S  J  K  X  H  V  H  W  G  V  Q  E
K  G  O  N  K  Z  N  P  P  E  A  C  D  M  N  J  Q  D  H
L  P  G  Z  M  U  P  U  N  J  G  Y  F  I  R  M  I  A  E
I  U  O  Z  W  C  M  L  R  E  A  I  M  N  S  A  G  Q  G
N  C  A  H  T  R  T  A  S  E  Z  Y  U  K  W  V  F  T  R
G  B  W  S  R  U  S  I  X  S  M  G  N  E  F  O  N  Q  E
E  O  N  N  R  Y  C  P  X  V  E  M  H  C  U  G  Z  M  M
L  K  Q  N  G  H  M  W  F  J  P  Z  E  C  G  E  N  D  M
S  M  Y  I  T  N  C  L  G  S  M  H  I  A  C  L  F  M  A
T  W  N  E  U  E  R  H  B  T  K  E  M  E  D  S  K  U  J
R  G  R  U  L  Z  G  W  Y  I  Z  X  L  X  E  C  V  T  Z
E  V  X  J  H  T  V  T  T  N  E  E  I  V  K  H  A  F  A
I  P  Q  O  Z  I  Z  P  V  T  A  N  C  V  M  E  Z  N  V
C  X  J  N  V  N  V  J  V  U  H  T  H  J  O  U  X  Q  E
H  P  Q  H  K  H  U  E  J  E  T  R  O  V  N  C  F  S  K
R  K  R  C  H  C  B  M  C  B  Z  E  T  F  H  H  A  P  V
M  X  G  L  Y  S  B  V  E  F  I  F  R  S  A  E  J  K  H
E  K  B  D  X  O  W  H  R  Y  Y  F  P  B  Q  C  H  Y  E
K  U  Y  U  D  B  H  J  F  C  L  E  V  B  R  W  N  V  R
Z  G  A  E  M  O  X  T  B  N  W  N  V  K  Q  M  I  Z  R
```

14

GESICHTER IN KUERBIS SCHNITZEN DAEMMERUNG

VOGELSCHEUCHE HAUSBESUCH

KLINGELSTREICH UNHEIMLICH

HEXENTREFFEN SCHMINKE

JAMMERGEHEUL HEXEN

Lösung

```
X A J E S N Z W Z O N U J Z M S Q I P
U S N K U E R B I S Q J A U A E N G L
I H E H C U S E B S U A H S H D T G L
A L E N A B K L D S J E C C Z A T W U
G D V P Q G J S J K X H V H W G V Q E
K G O N K Z N P P E A C D M N J Q D H
L P G Z M U P U N J G Y F I R M I A E
I U O Z W C M L R E A I M N S A G Q G
N C A H T R T A S E Z Y U K W V F T R
G B W S R U S I X S M G N E F O N Q E
E O N N R Y C P X V E M H C U G Z M M
L K Q N G H M W F J P Z E C G E N D M
S M Y I T N C L G S M H I A C L F M A
T W N E U E R H B T K E M E D S K U J
R G R U L Z G W Y I Z X L X E C V T Z
E V X J H T V T T N E E I V K H A F A
I P Q O Z I Z P V T A N C V M E Z N V
C X J N V N V J V U H T H J O U X Q E
H P Q H K H U E J E T R O V N C F S K
R K R C H B M C B Z E T F H H A P V R
M X G L Y S B V E F I R S A E J K H
E K B D X O W H R Y Y F P B Q C H Y E
K U Y U D B H J F C L E V B R W N V R
Z G A E M O X T B N W N V K Q M I Z R
```

```
I Y E S L H N V I S X P C M L F O U R
I L B R U F E N V H I Y I X U T L H Q
D C J S V Y B T H Z O G E Z F D Z Y V
K Q X S G I R U A H C S Y G L H H Q U
A O S E Z Y M H E X E N K E S S E L C
R S R R H J L A P R F C T P M Q R K L
V C L I L H V H P Z C Y S Z M C T Z K
J H E O N U E R U Y H A F N E W Y B U
R O U S E I O S S B W M B W X N P O S
W E C S L S D G S V O F P F L V A X E
P N H E E D M I I L H M G S M V D Y J
S Y T C I K V I B E K R D P C J P O Q
S K E C P C Q I R S B K D X J Y T Y A
O U N A S V Q E E U N C G I B R P M A
L E D D C M A D U R Y M C S H O Z V A
H R E B R X H M K G X J G E S I C H T
C B S C S C W Z P K W Q E U X L H W U
S I Y I I G O D S I Y O N V S G P D M
U S H E U T X L M S R J W G M I H W Z
T U R D L C V A K Z A E Q D G A J Q E
W T G I R U A H C S C D T N B F K V Y
S T Z N N A M N E H C O N K G A K M
T M M N K F B S V G B V Y A Y T R D D
S Y G X N D F N B T I H B T K E B R H
```

15

LEUCHTENDES KUERBIS GESICHT   KUERBISSUPPE
GRUSEL ACCESSOIRES   KNOCHENMANN
STREICH SPIELEN   HEXENKESSEL
SCHAURIG SCHOEN   VAMPIRE
SCHAURIG RUFEN   SCHLOSS

Lösung

```
I  Y  E  S  L  H  N  V  I  S  X  P  C  M  L  F  O  U  R
I  L  B  R  U  F  E  N  V  H  I  Y  I  X  U  T  L  H  Q
D  C  J  S  V  Y  B  T  H  Z  O  G  E  Z  F  D  Z  Y  V
K  Q  X  S  G  I  R  U  A  H  C  S  Y  G  L  H  H  Q  U
A  O  S  E  Z  Y  M  H  E  X  E  N  K  E  S  S  E  L  C
R  S  R  R  H  J  L  A  P  R  F  C  T  P  M  Q  R  K  L
V  C  L  I  L  H  V  H  P  Z  C  Y  S  Z  M  C  T  Z  K
J  H  E  N  U  E  R  U  Y  H  A  F  N  E  W  Y  B  U
R  O  U  S  E  I  O  S  S  B  W  M  B  W  X  N  P  O  S
W  E  C  S  L  S  D  G  S  V  O  F  P  F  L  V  A  X  E
P  N  H  E  E  D  M  I  I  L  H  M  G  S  M  V  D  Y  J
S  Y  T  C  I  K  V  I  B  E  K  R  D  P  C  J  P  O  Q
S  K  E  C  P  C  Q  I  R  S  B  K  D  X  J  Y  T  Y  A
O  U  N  A  S  V  Q  E  E  U  N  C  G  I  B  R  P  M  A
L  E  D  D  C  M  A  D  U  R  Y  M  C  S  H  O  Z  V  A
H  R  E  B  R  X  H  M  K  G  X  J  G  E  S  I  C  H  T
C  B  S  C  S  W  Z  P  K  W  Q  E  U  X  L  H  W  U
S  I  Y  I  G  O  D  S  I  Y  O  N  V  S  G  P  D  M
U  S  H  E  U  T  X  L  M  S  R  J  W  G  M  I  H  W  Z
T  U  R  D  L  C  V  A  K  Z  A  E  Q  D  G  A  J  Q  E
W  T  G  I  R  U  A  H  C  S  C  D  T  N  B  F  K  V  Y
S  T  Z  N  N  A  M  N  E  H  C  O  N  K  G  A  K  M
T  M  M  N  K  F  B  S  V  G  B  V  Y  A  Y  T  R  D  D
S  Y  G  X  N  D  F  N  B  T  I  H  B  T  K  E  B  R  H
```

```
U F K H A I E C F O E H E M X H H K L
E C V G N J U J D I L I M W K T A K E
J X J X R J F I Z M W W L M Q V U G U
S S O T U U C M D C N W M L G H S U V
A X H O R C D L X M R D R S O T B A M
T H F G T T V P N G O S V Y B L Y F Y
X A R A F S G P M P N U F Z O H K H L
Y U C L B V I J V B S B F V R V X V I
Y S G T C R Z D U U P E R P O O T S T
M O J D Z X S A E U J Z R P L N C W E
A K O T R A W P K O G T S L Y Q O C U
U B B M N L E G N I L K U Q P J E P U
H J B L H P F R F Y K S H W T T Y C P
N Q E K W P W U T W T R P T I W K Q E
Q Z B L F M I Q N I W Q B R E Y I V C
C N W R P X T M G B M M C N R R S I W
U T H C A N R E U A H C S R E O U A J
F U X M S E Y A N F A S T O X R E N R
K Y P U K G O K S B Z C X C E R L Z D
H M O T B Y J W K E Z H Z H H O P T F
P K T I T X A E L U R L I V A L H B V T
E V K O S E B A T C T U T S S A P S E
X P Z S W M W Y M K I R A A U H B I V
N L O F A V X L E S X Y Q S R E U L E
```

16

VON HAUS ZU HAUS HORROR

SCHAUERNACHT SAURES

KLINGELN SPASS

HEXEREI LOLLI

LUSTIG EULE

Lösung

```
U F K H A I E C F O E H E M X H H K L
E C V G N J U J D I L I M W K T A K E
J X J X R J F I Z M W L M Q V U G U
S S O T U U C M D C N W M L G H S U V
A X H O R C D L X M R D R S O T B A M
T H F G T T V P N G O S V Y B L Y F Y
X A R A F S G P M P N U F Z O H K H L
Y U C L B V I J V B S B F V R V X V I
Y S G T C R Z D U U P E R P O O T S T
M O J D Z X S A E U J Z R P L N C W E
A K O T R A W P K O G T S L Y Q O C U
U B B M N L E G N I L K U Q P J E P U
H J B L H P R F R F Y K S H W T T Y C P
N Q E K W P W U T W T R P T I W K Q E
Q Z B L F M I Q N I W Q B R E Y I V C
C N W R P X T M G B M M C N R R S I W
U T H C A N R E U A H C S R E O U A J
F U X M S E Y A N F A S T O X R E N R
K Y P U K G O K S B Z C X C E R L Z D
H M O T B Y J W K E Z H Z H O P T F
P K T I T X A E L U R L I V A H B V T
E V K O S E B A T C T U T S S A P S E
X P Z S W M W Y M K I R A A U H B I V
N L O F A V X L E S X Y Q S R E U L E
```

```
R H I P B P K F A A G V D A D R Q K J
Q X X Y E J A T G V O H P L L R L L P
P C C U U U K R E B O T K O H U W Q Q
H U B C L Z D R P X M L B A Z F I K T
B A A I U Z I Y D C K L S L F X U A B
Y R G T X D E D Y E Y L L A L W X U L
I N Y O G D O R Y G O G I M D S O O T
V B D F E Y Q R F W E J J H H Y X Q G
A E I K N T X J E E C V V N F W N H Y
K J N R I K X E U Q F B H D C X A H R
V S A Z E C N C U S T J O I H U D X T
R Z R I S L H Z N O Q W P Q S B Y W B
X S E V S L U Z I A Z L R T V L Y V X
A N W D E J Z A B H Z R U E N U X X N
H N L A N W X B Q G E E G L L T C Y B
T F H M N S R N G Q R U R F O A O E T
H R E T S G I S I E R D D N U N I E
H F V O R F J C X N E N N E R G E W G
G R U S E L M A S K E N W I S E U D G
T J B I L V Z S G I R U A H C S F E M
B A S T E L N P D V A Q Y W E L V R U
I J N N X U B W G B W T S B I N W W E
K O G L N P Z Z T S I Q V Q L R R J S
U W Y R H B O T X X O G A C R R G F X
```

EINUNDDREISSIGSTER OKTOBER
GRUSELMASKEN BASTELN
VOR DER HAUSTUER
HALLOWEEN
GENIESSEN

WEGRENNEN
SCHAURIG
BLUTAUGE
FAULIG
BUH

Lösung

```
R  H  I  P  B  P  K  F  A  A  G  V  D  A  D  R  Q  K  J
Q  X  X  Y  E  J  A  T  G  V  O  H  P  L  L  R  L  L  P
P  C  C  U  U  K  R  E  B  O  T  K  O  H  U  W  Q  Q
H  U  B  C  L  Z  D  R  P  X  M  L  B  A  Z  F  I  K  T
B  A  A  I  U  Z  I  Y  D  K  L  S  L  F  X  U  P  A  B
Y  R  G  T  X  D  E  D  Y  E  Y  L  L  A  L  W  X  U  L
I  N  Y  O  G  D  O  R  Y  G  O  G  I  M  D  S  O  O  T
V  B  D  F  E  Y  Q  R  F  W  E  J  J  H  H  X  Q  G
A  E  I  K  N  T  X  J  E  E  C  V  V  N  F  W  N  H  Y
K  J  N  R  I  K  X  E  U  Q  F  B  H  D  C  X  A  H  R
V  S  A  Z  E  C  N  C  U  S  T  J  O  I  H  U  D  X  T
R  Z  R  I  S  L  H  Z  N  O  Q  W  P  Q  S  B  Y  W  B
X  S  E  V  S  L  U  Z  I  A  Z  L  R  T  V  L  Y  V  X
A  N  W  D  E  J  Z  A  B  H  Z  R  U  E  N  U  X  X  N
H  N  L  A  N  W  X  B  Q  G  E  E  G  L  L  T  C  Y  B
T  F  H  M  N  S  R  N  G  Q  R  U  R  F  O  A  O  E  T
H  R  E  T  S  G  I  S  S  I  E  R  D  D  N  U  N  I  E
H  F  V  O  R  F  J  C  X  N  E  N  N  E  R  G  E  W  G
G  R  U  S  E  L  M  A  S  K  E  N  W  I  S  E  U  D  G
T  J  B  I  L  V  Z  S  G  I  R  U  A  H  C  S  F  E  M
B  A  S  T  E  L  N  P  D  V  A  Q  Y  W  E  L  V  R  U
I  J  N  N  X  U  B  W  G  B  W  T  S  B  I  N  W  W  E
K  O  G  L  N  P  Z  Z  T  S  I  Q  V  Q  L  R  R  J  S
U  W  Y  R  H  B  O  T  X  X  O  G  A  C  R  R  G  F  X
```

```
G V S R P S A V I V O L P O U K G J U
L R M P W X D T W E A J H H N M K I L
Y A U E V D E T N E E X L M A U J N R
Q L M S E Z G G R E X T K Y K M T Z R
T O I Z E B L B V P F N Y F H I X X E
J P M M N L E I S Y C U A J C E M G F
J V X P U P K E Z K B G A A A J Z M B R
R R R L P D G O T W G Q Q Q L J L N S T
N N P R L M R R S R R Q W Q G F M X H
Q F O N G G E Y P T T V X R V E O M S
G D K Q C X B C R M U O X Q P B W N U
N E K C E R H C S R E E E T H C B N E
Z X F A H Y O L S E S R M S Q Q D K S
T J A W R Q B M X I R N I V L T R L S
R X A G H C E K S C H N E I D E R N I
K L E A N C K O S T U E M E G H V M G
Q I G C F B U W O C P Y N C N R H L K
F A L B Z P O X S C H M I N K E N V E
S H E R B S T F A R B E N S I X V L I
G R U S E L G E R A E U S C H E S M T
A X D D R S G C B T I T O I N U F N E
U N N D U G R U B L E S U R G W E Q N
G N P O C R S I R D L Y E G N V F F U
T F U U U Z I M O L Z K S B P A A S U
```

KOSTUEME SCHNEIDERN   ERSCHRECKEN

GRUSELGERAEUSCHE   WEGLAUFEN

GRUSELKOSTUEM   SCHMINKEN

SUESSIGKEITEN   MUMIE

HERBSTFARBEN   GRUSELBURG

Lösung

```
G V S R P S A V I V O L P O U K G J U
L R M P W X D T W E A J H H N M K I L
Y A U E V D E T N E E X L M A U J N R
Q L M S E Z G G R E X T K Y K M T Z R
T O I Z E B L B V P F N Y F H I X X E
J P M M N L E I S Y C U A J C E M G F
J V X P U P K E Z K B G A A J Z M B R
R R R L P D G O T W G Q Q L J L N S T
N N P R L M R R S R R Q W Q G F M X H
Q F O N G G E Y P T T V X R V E O M S
G D K Q C X B C R M U O X Q P B W N U
N E K C E R H C S R E E E T H C B N E
Z X F A H Y O L S E S R M S Q Q D K S
T J A W R Q B M X I R N I V L T R L S
R X A G H C E K S C H N E I D E R N I
K L E A N C K O S T U E M E G H V M G
Q I G C F B U W O C P Y N C N R H L L
F A L B Z P O X S C H M I N K E N V E
S H E R B S T F A R B E N S I X V L I
G R U S E L G E R A E U S C H E S M T
A X D D R S G C B T I T O I N U F N E
U N N D U G R U B L E S U R G W E Q N
G N P O C R S I R D L Y E G N V F F U
T F U U U Z I M O L Z K S B P A A S U
```

Weitere Wortsuchrätsel Sammelbände von Brian Gagg:

WORTSUCHRÄTSEL 4 in 1 SAMMELBAND 70iger, 80iger und 90iger Jahre
WORTSUCHRÄTSEL 2 in 1 SAMMELBAND 1. und 2. WELTKRIEG
WORTSUCHRÄTSEL 3 in 1 SAMMELBAND TENNIS, SQUASH und GOLF
WORTSUCHRÄTSEL 3 in 1 SAMMELBAND TISCHTENNIS, BADMINTON und MINIGOLF
WORTSUCHRÄTSEL 3 in 1 SAMMELBAND EISHOCKEY, FELDHOCKEY und SKISPORT
WORTSUCHRÄTSEL 3 in 1 SAMMELBAND FUßBALL, HANDBALL und BASKETBALL
WORTSUCHRÄTSEL 3 in 1 SAMMELBAND VOLLEYBALL, BOWLING und SCHWIMMSPORT
WORTSUCHRÄTSEL 3 in 1 SAMMELBAND REITSPORT, RADSPORT und SCHACH
WORTSUCHRÄTSEL 4 in 1 SAMMELBAND ANGELN, POKERN, FALLSCHIRMSPRINGEN und SKAT
WORTSUCHRÄTSEL 2 in 1 SAMMELBAND MUTTER und VATER
WORTSUCHRÄTSEL 2 in 1 SAMMELBAND OMA und OPA
WORTSUCHRÄTSEL 2 in 1 SAMMELBAND SCHWESTER und BRUDER
WORTSUCHRÄTSEL 3 in 1 SAMMELBAND BLUMEN, GARTEN und GRILLEN
WORTSUCHRÄTSEL 2 in 1 SAMMELBAND HUNDE und KATZEN
WORTSUCHRÄTSEL 3 in 1 SAMMELBAND SOMMER, HERBST und HALLOWEEN
WORTSUCHRÄTSEL 3 in 1 SAMMELBAND WINTER, WEIHNACHTEN und BIBELVERSE
WORTSUCHRÄTSEL 3 in 1 SAMMELBAND FRÜHLING, OSTERN und GEBURTSTAG
WORTSUCHRÄTSEL 3 in 1 SAMMELBAND BERLIN, MALLORCA und URLAUB
WORTSUCHRÄTSEL 3 in 1 SAMMELBAND UFO, SCIENCE FICTION und HORROR
WORTSUCHRÄTSEL 3 in 1 SAMMELBAND LEHRER, SCHULE und SPORTARTEN
WORTSUCHRÄTSEL 3 in 1 SAMMELBAND KRANKENPFLEGE, GLÜCK und BIBELVERSE
WORTSUCHRÄTSEL 3 in 1 SAMMELBAND KRIMINALITÄT, AUTOMARKEN und LUSTIGE SCHIMPFWORTE
WORTSUCHRÄTSEL 3 in 1 SAMMELBAND FREUNDSCHAFT, GLÜCK und LIEBESZITATE
WORTSUCHRÄTSEL 7 in 1 SAMMELBAND FRÜHLING, OSTERN, SOMMER, HERBST, HALLOWEEN, WINTER und WEIHNACHTEN
WORTSUCHRÄTSEL 6 in 1 SAMMELBAND TENNIS, TISCHTENNIS, GOLF, BADMINTON, SQUASH und MINIGOLF
WORTSUCHRÄTSEL 6 in 1 SAMMELBAND FUßBALL, FELDHOCKEY, EISHOCKEY, HANDBALL, BASKETBALL, SKISPORT
WORTSUCHRÄTSEL 6 in 1 SAMMELBAND VOLLEYBALL, RADSPORT, SCHWIMMEN, SCHACH, BOWLING und REITSPORT
WORTSUCHRÄTSEL 6 in 1 SAMMELBAND MUTTER, VATER, OMA, OPA, BRUDER und SCHWESTER
WORTSUCHRÄTSEL 4 in 1 SAMMELBAND BLUMEN, GARTEN, GRILLEN und SOMMER
WORTSUCHRÄTSEL 5 in 1 SAMMELBAND UFO, SCIENCE FICTION, HORROR, KRIMINALITÄT und HALLOWEEN
WORTSUCHRÄTSEL 6 in 1 SAMMELBAND BERLIN, MALLORCA, URLAUB, FREUNDSCHAFT, GLÜCK und LIEBESZITATE
WORTSUCHRÄTSEL 6 in 1 SAMMELBAND LEHRER, SCHULE, SPORTARTEN, GLÜCK, KRANKENPFLEGE und BIBELVERSE
Alle Themen auch als Einzelbücher verfügbar